COLONIA ESPIRITUAL NUEVO AMANECER

Integración Espiritual

Abel Glaser
Por el Espíritu
Cairbar Schutel

Traducción al Español:
J.Thomas Saldias, MSc.
Trujillo, Perú, Enero 2024

Título Original en Portugués:
"Alvorada Nova"
© Abel Glaser, 2000

World Spiritist Institute
Houston, Texas, USA
E-mail: contact@worldspiritistinstitute.org

Del Médium

Abel Glaser inició las actividades del Grupo Hermana Scheilla en 1962, hoy Centro Espírita Hermana Scheilla, y en 1963 fue uno de los fundadores del Hogar Escuela Cairbar Schutel, hoy Complejo Asistencial Cairbar Schutel, con el objetivo de brindar servicios morales, apoyo y asistencia espiritual y material a niños, adolescentes y personas mayores, en situación de vulnerabilidad y riesgo social y personal.

En octubre de 1996 fundó la Editora Alvorada Nova. Es coordinador del Grupo de Estudio Cairbar Schutel, creado a principios de 1987 bajo la dirección del espíritu Cairbar para la elaboración de libros, cuya recogida de datos, investigación y sistematización son supervisadas por el propio Cairbar y guiadas por él mismo y/o sus asesores y emisarios.

De 1962 a 1994 se dedicó a la labor de unificación del Movimiento Espírita, participando en tareas distritales, regionales y estatales, tanto en el área administrativa como doctrinaria. Formó parte del Consejo Editorial del Jornal Unificação durante varios años y actualmente es miembro del Consejo Editorial de la Revista Internacional de Espiritismo y del Jornal O Clarim.

Nuevo Amanecer es el primero de los libros coordinados por Abel Glaser (director, desde 1963, de Lar Escola Cairbar Schutel y coordinador de un grupo de médiums, el Grupo de Estudos Cairbar Schutel), que integran una colección también conocida como Série Nuevo Amanecer, atribuida al espíritu Cairbar Schutel y sus emisarios. Fue editado por Casa Editora O Clarim, fundada por Cairbar Schutel.

Del Traductor

Jesús Thomas Saldias, MSc, nació en Trujillo, Perú.

Desde los años 80s conoció la doctrina espírita gracias a su estadía en Brasil donde tuvo oportunidad de interactuar a través de médiums con el Dr. Napoleón Rodriguez Laureano, quien se convirtió en su mentor y guía espiritual.

Posteriormente se mudó al Estado de Texas, en los Estados Unidos y se graduó en la carrera de Zootecnia en la Universidad de Texas A&M. Obtuvo también su Maestría en Ciencias de Fauna Silvestre siguiendo sus estudios de Doctorado en la misma universidad.

Terminada su carrera académica, estableció la empresa *Global Specialized Consultants LLC* a través de la cual promovió el Uso Sostenible de Recursos Naturales a través de Latino América y luego fue partícipe de la formación del **World Spiritist Institute**, registrado en el Estado de Texas como una ONG sin fines de lucro con la finalidad de promover la divulgación de la doctrina espírita.

Actualmente se encuentra trabajando desde Perú en la traducción de libros de varios médiums y espíritus del portugués al español, habiendo traducido más de 280 títulos, así como conduciendo el programa "La Hora de los Espíritus."

Índice

NUEVO AMANECER 6
INTRODUCCIÓN 12
LA SEMILLA FUE SEMBRADA 20
LA GERMINACIÓN 27
LOS CUIDADOS CON LA PLANTA 31
EL CULTIVADOR 36
LAS RAÍCES ANÓNIMAS QUE SOPORTAN LA COPA EXUBERANTE 39
DESCRIPCIÓN DE NUESTRO ÁRBOL 42
    I La Casa de Reposo 42
    II El Edificio Central 62
    III Núcleos de Desarrollo 66
    IV Coordinadores Especializados 72
    V Unidad de la Elevación Divina 76
    VI La Casa del Niño 78
    VII La Plaza Central 84
    VIII Las Torres de Defensa e Higienización 86
    IX El Bosque de la Naturaleza Divina 89
    X Rincón de la Paz 91
    XI Sectores Habitacionales 94
    XII Centro de Aprendizaje Luz Divina y la Casa de Justicia Divina 101
LA SOBREVIVENCIA DEL ÁRBOL 105
EL ÁRBOL FRONDOSO QUE ESPERA A LA HUMANIDAD 112

NUEVO AMANECER

— Con la gracia de Dios, declaramos abierta la séptima reunión mensual de la Colonia Nuevo Amanecer con el fin de transmitir las propuestas recibidas de nuestros conciudadanos y analizar conjuntamente los pasos a seguir en la gestión de esta comunidad de Jesús, en la luz del Evangelio del Altísimo. Con la palabra, nuestro secretario Rubião."

— Que Jesús, nuestro amado Maestro, bendiga la reunión de este mes, dentro de su providencial sabiduría y magnánima bondad. Mi querido hermano coordinador, de quien recibo la palabra, Cairbar Schutel. Mis compañeros miembros del Consejo, hoy tenemos un importante proyecto que discutir: Pondremos en agenda nuevas técnicas de alimentación en la Colonia y nuevos procesos para promover la producción de frutas.

También discutiremos los proyectos presentados por el Sector de Medicina para la implementación de un nuevo suero, especialmente extraído de miel vegetal, en el trabajo con pacientes ingresados en la Residencia de Mayores. Finalmente, la agenda también incluirá solicitudes y pedidos de varios habitantes de esta Colonia. Y para cerrar, después del discurso abierto, escucharemos a nuestro líder aficionado, en una conmovedora y profunda oración dirigida a la Divina Superioridad.

La habitación se llena de luz... Es el inicio de la séptima reunión mensual del Consejo de Nuevo Amanecer. El júbilo de la fecha siempre ha sido importante en esta agrupación espiritual y, una vez más, los amigos de la Espiritualidad allí presentes son conscientes que están trabajando activamente por la evolución de la Humanidad.

Este encuentro se lleva a cabo en la sala del último piso del Edificio Central, que está rodeada de luz de la Colonia que se filtra a través de los cristales de las paredes y entra a la cúpula.

Alrededor de una gran mesa se encuentran sillas de respaldo alto donde se pueden ver los nombres de los Consejeros grabados en pequeñas placas en forma de estrella. En la gran sala rectangular también se pueden ver estanterías con cientos de libros dispuestos a los lados. Al fondo, una pared de cristal curva, que comienza en la bóveda de cristal en la parte superior del edificio, ofrece una amplia vista del exterior del edificio.

Junto a este gran ventanal que forma la propia pared de la habitación hay un pequeño rellano en el que hay un escritorio con varios papeles, banderas, algunos cuadros y una estantería de cristal donde se encuentran estatuas de medio cuerpo formadas por material brillante parecido al bronce.

Entre estas estatuas de diferentes apariencias se encuentran las de Don Pedro II y Gandhi, entre otras, formando una especie de registro de los espíritus que de alguna manera contribuyeron al crecimiento, desarrollo y funcionamiento de la ciudad espiritual.

Nuevo Amanecer, la Colonia de Espiritualidad, coordinada por Cairbar Schutel, acoge este encuentro donde se reúnen sus cuarenta y dos consejeros, que deciden su destino y planifican sus actividades.

En un ambiente armonioso y sereno, en las reuniones del Consejo, Cairbar Schutel suele hablar con los concejales que lo miran y escuchan atentamente. Los temas son presentados por los presentes de manera ordenada y hay objetividad en su discusión. El tiempo no está controlado por un cronómetro, ya que existe una perfecta armonía entre los participantes, ya que cada uno sabe cuándo hablar, sin interrupciones ni monopolios de la palabra.

Todos visten la misma vestimenta, especial para esta actividad: ropa sencilla, sin ningún complemento, en tono celeste. Utilizan gráficos, con números y datos, cada uno de los cuales cubre el tema correspondiente a su área de actividad, con un análisis previo de las medidas a tomar, sin lugar a desacuerdos, ya que prevalece la decisión totalmente consensuada. En un tablero, colocado en un rincón de la sala, las orientaciones recibidas de la Espiritualidad superior, escritas por Cairbar, recuerdan a todos las palabras del Maestro Jesús.

Cerrando la agenda, comienzan a atender las demandas de los habitantes de la Colonia, enfocadas en los más diversos temas, como transporte, instalación de dispositivos telefónicos, autorización de visitas a espíritus en prácticas en otros puntos de la Colonia o fuera de ella, entre otros. Las solicitudes se responden en los informes de los concejales responsables de la materia, quienes, en su área de actuación definida, tienen competencia para desarrollar una actividad descentralizada. Así, cada reclamo es respondido de manera consensuada por la opinión del responsable de ejecutarlo, con total armonía de objetivos dependiendo del trabajo que esté íntegramente encaminado a un mismo fin. Busco penetrar un poco, a través de estas líneas, en el incesante trabajo en la Espiritualidad. A través de tales imágenes se integrará en nosotros un retrato fiel de la vida que un día nos espera en otro plano, distinto de aquel en el que vivimos, pero que forma parte del mecanismo universal del progreso.

Nuevo Amanecer es un ejemplo de esta afirmación. Para conocerla mejor, comencemos diciendo que es una comunidad de alrededor de doscientos mil habitantes, ubicada en la región umbralina, en la cuarta capa alrededor de la corteza terrestre, al mismo grado de inclinación que la ciudad de Santos, Estado de São Paulo, desarrollándose diariamente bajo la guía de la superioridad divina.

Es una ciudad espiritual creada hace más tiempo que la mayoría de las Colonias que impregnan las zonas umbralinas de este planeta. Su existencia se pierde de vista en nuestros calendarios comunes.

Fue planeado hace muchos siglos por quienes, siendo los ingenieros constructores de Jesús, conocen la Tierra desde su pasado lejano hasta su futuro lejano. Brasil ni siquiera existía sobre la faz del globo y Nuevo Amanecer ya estaba sentando sus primeras bases a través de los trabajadores de Cristo que conocieron el destino de nuestro país como Patria del Evangelio, siendo conscientes de la importancia de su ubicación en los estratos vibratorios. alrededor del planeta.

Se sabe que Cairbar Schutel viene desarrollando allí una relevante labor, desde su regreso al mundo espiritual, contando con numerosos colaboradores desencarnados y encarnados en todas las tareas.

Aunque poco se sabe sobre este hecho, lo cierto es que existe un entrelazamiento entre los dos planos de la vida, existiendo una relación entre el

habitantes de la corteza terrestre, en esta esfera física, y los desencarnados, habitantes del Plano Espiritual. Como nos enseña Allan Kardec[1]: "solo a través de la unión sincera y fraterna entre los Espíritus y los encarnados será posible la regeneración."

Intentaré, con un ejemplo práctico, ilustrar esta conexión fraterna.

Desde hace veinticinco años, junto con varios otros colegas encarnados, participo en el grupo espírita llamado "Grupo Hermana Scheilla", nombre sugerido por la propia Espiritualidad. Este grupo siempre me ha brindado espontáneamente apoyo y orientación en el desarrollo de mis actividades, tanto en Hogar Escuela Cairbar Schutel como en la labor de unificación del movimiento espírita — en cuyas actividades Cairbar siempre me ha alentado —, sin por ello interferir jamás en mi libre albedrío.

Siempre he tratado de tener en cuenta las orientaciones recibidas desde el plano espiritual y nunca me he arrepentido, ya que han sido oportunas y precisas, llegando a través de médiums que generalmente desconocen los asuntos transmitidos a través de ellos, constituyendo así auténtica prueba de unión entre trabajadores, encarnados y desencarnados. Mensajes similares han sido transmitidos por amigos que forman parte de los equipos

---

[1] "*El Evangelio según el Espiritismo*", Capítulo XVI, n° 14.

doctrinarios, curativos, indios e hindúes, formados por espíritus vinculados a Nuevo Amanecer.

A través de la acción de estos equipos, junto con el compromiso de los encarnados que se dedican al estudio y práctica del Espiritismo, el "Grupo Hermana Scheilla" desarrolla su trabajo, semana a semana, según las necesidades del momento, según las perspectivas y coordinación de los mentores espirituales. Canaliza sus recursos hacia el trabajo de higiene y curación, la desobsesión y la confraternización entre los dos planos de la vida, además del propio estudio.

Esto consolida la interconexión entre los planos físico y espiritual, a través de la presencia constante de los desencarnados, trabajadores de la Siembra del Cristo, en los momentos en que nos reunimos con el propósito de servir, abiertos a la evolución espiritual que es pertinente para todos.

A menudo somos agraciados con la presencia alegre de niños espirituales que hacen prácticas en Nuevo Amanecer, representando momentos de alegría para todos.

Otro ejemplo de trabajo integrado entre ambos planos es la creación de este libro.

Vemos en todo el juego espiritual, la intermediación de los encarnados y la suma de esfuerzos en la búsqueda de la evolución de nuestros espíritus y de tantos otros seres.

Al tener la oportunidad de conocer un poco más el otro lado de la vida, tomamos conciencia de perseverar en un trabajo fructífero durante nuestra corta estadía en este plano físico, reflejándonos en las formas que existen en el plano espiritual. Encontramos una demostración de amor, armonía y unidad en el encuentro y en la postura de los concejales de Nuevo Amanecer, primer paso de este trabajo para revelar detalles de esta elevada ciudad espiritual a nuestra comprensión.

De ahora en adelante, intentemos penetrar más en este otro lado de la vida y darnos cuenta que hay una invitación de la sabiduría divina para que trabajemos por el progreso, desarrollando nuestro lado espiritual, innegablemente ligado a las demás criaturas.

"Todas las inteligencias, pues, contribuyen al trabajo general, cualquiera que sea el grado alcanzado y cada una según la medida de su fuerza, ya sea en el estado de encarnación o en el espiritual. En todas partes la actividad, desde la base hasta la cúspide de la escala, instruyendo unos a otros, ayudándose en el apoyo mutuo, uniéndose de las manos para llegar al cenit, así se establece la solidaridad, entre el mundo espiritual y el corporal, o, en otras palabras, entre los hombres y los espíritus, entre los espíritus liberados y cautivos."[2]

"Queda ahora la cuestión de si el espíritu puede comunicarse con el hombre; es decir, si puede intercambiar ideas con él. ¿Por qué no? ¿Qué es el hombre, sino un espíritu aprisionado en un cuerpo?"[3]

"Las relaciones entre los espíritus y los hombres son constantes. Los buenos espíritus nos atraen al bien, nos sostienen en las pruebas de la vida y nos ayudan a soportarlas con valentía y resignación."[4]

Abel Glaser por el espíritu Cairbar Schutel

---

[2] *El Cielo y el Infierno*, Allan Kardec, Capítulo III, primera parte, número 15.

[3] *El Libro de los Médiums*, Allan Kardec, Capítulo I, número 5, Allan Kardec, Capítulo I, número 5.

[4] *El Libro de los Espíritus*, Allan Kardec, Introducción – VI.

INTRODUCCIÓN

Allan Kardec afirma: "Los médiums son los intérpretes de los espíritus; suplen a estos últimos la falta de órganos materiales para transmitir sus instrucciones. Por tanto, están dotados de facultades para este fin."[5]

Más adelante, el Codificador afirma: "El Espiritismo, hoy, proyecta luz sobre una inmensidad de puntos oscuros; sin embargo, no la arroja desconsideradamente. Los espíritus se comportan con admirable prudencia al dar sus instrucciones. Solo gradual y sucesivamente consideran las varias partes de la Doctrina ya conocidas, dejando las otras partes para que sean reveladas cuando sea oportuno sacarlas de la oscuridad. Si la hubieran presentado íntegramente desde el primer momento, solo un pequeño número de personas la habrían mostrado accesible; incluso habían asustado a aquellos que no estaban preparados para recibirla, lo que impediría su propagación. Si, por tanto, los Espíritus todavía no lo dicen todo abiertamente, no es porque haya misterios en la Doctrina que solo unos pocos privilegiados puede penetrar, ni porque pongan la lámpara debajo de un almud, es porque cada cosa tiene que llegar en su momento, dan tiempo a cada idea para que madure y se propague, antes de presentar otra, y a los acontecimientos para preparar la aceptación de aquella a otros."[6]

Esta obra es una iniciativa de Espiritualidad. Cairbar Schutel que, encarnado, representó para todos un ejemplo de dedicación al progreso de los hombres, superando barreras en su

---

[5] *El Evangelio según el Espiritismo*, Allan Kardec, Cap. XIX, número 10.

[6] *El Evangelio según el Espiritismo*, Allan Kardec, Cap. XXIV, número 7.

propia evolución y logrando una íntima reforma consciente, en el camino de la verdadera fe razonada del Espiritismo, nos trae su mensaje de amor, motivándonos a valorar la oportunidad de la reencarnación.

Los espíritus Iluminados no quieren que los adoremos contemplativamente como deidades celestiales, sino que los sintamos como compañeros de trabajo, hombro con hombro, en la misma tarea de colaborar con Jesús para el avance de este mundo y de la Humanidad a través de la difusión del cristianismo, entendida ahora a la luz de la Doctrina Espírita, y de la práctica sincera y permanente de sus enseñanzas.

No soy el creador de esta obra. Mi participación en la misma fue como organizador, habiendo trabajado como autor material de estas líneas, ocupando Cairbar Schutel el lugar de autor verdadero espiritual, cuando, a finales de 1986, varios médiums del Grupo Hermana Scheilla, del Hogar Escuela Cairbar Schutel, comenzaron a recibir mensajes de Cairbar referentes a una ciudad espiritual, y al mismo tiempo la clarividencia de los médiums tuvo acceso a imágenes de esa Colonia. A partir de entonces, la unión de los médiums del grupo experimentó un marcado crecimiento en torno a la existencia de esta comunidad espiritual y su vinculación con el Hogar Escuela.

A principios de 1987, varios mensajes fueron recibidos por los médiums del Hogar sobre esta organización de la Espiritualidad mayor, hasta que uno de ellos, del propio Cairbar Schutel, recomendó la formación de un grupo de trabajo, mencionando también cuáles de los miembros del Grupo de Hermana Scheilla que debían ser parte de la agrupación. Se nominaron ocho compañeros y a mí me nombraron coordinador.

Por consenso, las reuniones comenzaron el 4 de marzo de 1987, primero en casas de compañeros del grupo de trabajo y posteriormente en la sede del Hogar Escuela. En las primeras reuniones se recibió orientación para denominar a este grupo como "Grupo de Estudio Caibar Schutel." También se aclaró que la elección de los ocho médiums que participarían en esta tarea se basó únicamente en su disponibilidad de tiempo y afinidad espiritual con la tarea.

Desde el principio pudimos comprender dos de los tres objetivos de la formación del grupo, que apuntaban a establecer la armonía adecuada para el trabajo: el primero, profundizar en el estudio doctrinario pertinente a la mediumnidad; el segundo, perfeccionamiento educativo de las facultades mediúmnicas, en ejercicios variados; la tercera, la elaboración de este libro, vino después.

Para profundizar el estudio doctrinario pertinente a la mediumnidad, se siguió el siguiente esquema: lectura preparatoria con un capítulo del libro *"Apostillas de la Vida"*, de André Luiz y posteriormente *"Conducta Espírita"*, del mismo autor, antes de cada encuentro. Estudio, en secuencia, de los libros *"Mediumnidad y Sintonía"*, de Emmanuel, *"Evolución em Dos Mundos"*, *"Mecanismos de la Mediumnidad"* y *"En los Dominios de la Mediumnidad"*, todos de André Luiz.

Al mejoramiento educativo de las facultades mediúmnicas siguió la planificación establecida por la Espiritualidad. La comprensión del entonces principal objetivo del Grupo de Estudio — la preparación de este trabajo — fue emergiendo progresivamente en el transcurso de las reuniones programadas, hasta que Cairbar Schutel reveló el nombre de la ciudad espiritual y su coordinación general, momentos de alegría en nuestra vidas.

Siguiendo la guía del plano espiritual, realizamos reuniones semanales regulares, siempre los miércoles, a partir de las 8:00 pm y con una duración mínima de cuatro horas. Varias otras, extraordinarias, se llevaron a cabo en distintos días y horas para distintos trabajos. Tuvimos un total de 36 semanas divididas en 6 ciclos de 6 reuniones periódicas, teniendo cada una un propósito específico en la parte de la reunión posterior al estudio de los trabajos citados. El primero tenía como objetivo armonizar a los médiums entre ellos y disciplinarlos para la tarea. El segundo continuó esta formación en afinar y preparar las facultades mediúmnicas. El tercero tenía como objetivo, a través de desarrollos, recopilar datos relativos a la Colonia espiritual Nuevo Amanecer: sus edificios, su administración, sus paisajes, su actividad, su sistema de defensa e higiene, entre otros. Se crearon muchas psicografías y dibujos mediúmnicos. El cuarto ciclo fue el de sistematización: la información recopilada conformó los distintos capítulos de la obra de Cairbar Schutel. En el quinto, las dos primeras reuniones supusieron la creación de otros dibujos que ilustran este trabajo y, en las cuatro siguientes, desarrollos encaminados a la obtención de nuevos datos. El sexto y último tuvo como objetivo incluir las últimas informaciones recopiladas, seleccionar los textos con palabras de Allan Kardec, dar los toques finales y proceder con el borrador final.

Una vez finalizados estos ciclos, se completó la obra "*Nuevo Amanecer*" y todos los médiums que fueron guiados paso a paso por el plano espiritual quedaron sorprendidos y contentos con el resultado.

El árbol fue el símbolo que guio el desarrollo de la obra: la semilla sembrada y germinada representando el pasado; su cultivador, sus raíces y su descripción representando el presente; su supervivencia a la espera que la Humanidad represente el futuro.

Todas las líneas fueron diseñadas por Cairbar Schutel, en innumerables mensajes descritos o psicografiados por médiums y organizados por mí. La idea de nuestro amigo mentor se plasmó en brindar una obra esclarecedora compuesta por tres elementos fundamentales: la progresión de los seres en la escala evolutiva, la integración de los dos planos de la vida y la reencarnación.

Para ello utilizó la descripción y el funcionamiento de la Colonia espiritual que dirige como soporte para el trabajo. Luego se propuso trazar un paralelo comparativo, explicando la interconexión entre la ciudad espiritual y sus extensiones materializadas en la corteza terrestre. Pero no fue suficiente. También pretendió resaltar, siempre con ejemplos reales, la posibilidad que todos tenemos de asimilar nuestro papel en este plan de vida, destacando la reencarnación como el medio natural de evolución de los seres, merecedor de ser vivido sin desperdicio ni descrédito.

Luego me puso como ejemplo: un día había seguido caminos opuestos a los que busco hoy, con la Doctrina Espírita revelando a mis ojos un camino de luz que revelaba el porqué de mi existencia y la importancia de la oportunidad que tenemos. todos tenemos a través de la reencarnación.

Tales líneas narrativas pretendían resaltar la trayectoria de una persona encarnada como cualquier otra, que no está privilegiada por la Espiritualidad, sino una persona que, como tantas, no tenía conocimiento del plano espiritual y que en un determinado momento de su vida terminó hasta encontrar su camino y su conexión con amigos invisibles.

Esta sucinta biografía, lejos de pretender resaltar mérito alguno del autor material, se lanza en los dos primeros capítulos y la descripción del Hogar Escuela situada en los otros dos, pretende únicamente resaltar la unión que existe entre el plano físico y el plano físico. plano espiritual, que viene a florecer en los capítulos V al XVIII sobre Nuevo Amanecer. En los capítulos XIX y XX el autor espiritual envía su mensaje haciendo uso de ejemplos verdaderos de todos los capítulos anteriores, enfatizando que para la evolución en el plano físico es necesario un trabajo práctico y tangible en favor de la caridad, cualquiera que sea.

No hay ningún parámetro que establecer ni ejemplos que necesariamente deban seguirse respecto de lo contenido en los primeros cuatro capítulos de esta obra, sino solo la prueba que el plano mayor ejerce la supervisión día a día de nuestras actividades, buenas o malas, y busca siempre influir para el bien de nuestras vidas y de nuestras misiones.

Nuevo Amanecer, como mostraré en capítulos futuros, está vinculada al Hogar Escuela Cairbar Schutel, que reúne a innumerables encarnados, entre los que me encuentro. Y, de la misma manera, la ciudad espiritual de Cairbar está vinculada a cientos de otras obras y encarnaciones en todo el mundo. En la misma proporción, otras Colonias espirituales están vinculadas a miles de otras instituciones, de cualquier ideología, siempre que estén vinculadas a la caridad, en todo el planeta.

Se puede observar, por tanto, que este libro es un esfuerzo conjunto entre trabajadores de ambos planos existenciales y pretende contribuir de alguna manera al bien de los demás. Su fundamento es el estudio, a través de la educación y la valoración de las potencialidades mediúmnicas y, finalmente, acercar al lector el mensaje de Cairbar Schutel: optimismo y trabajo.

Se encontraron muchos reveses en la trayectoria de estos escritos. La experiencia de cada ciclo fue un ejercicio de superación de barreras. La finalización del libro, con su texto, su portada y sus ilustraciones, es el logro máximo.

Nada de esto hubiera sido posible si no hubiera existido el movimiento y el trabajo de muchos, porque, si ocho miembros constituían el equipo material, innumerables eran los trabajadores espirituales de esta obra distribuidos en diversas funciones.

Ésta, como decíamos, no es una obra plenamente psicografiada. Es el resultado del trabajo conjunto de personas encarnadas y desencarnadas. En esta ocasión, Cairbar nos transmitió algunos aspectos que conforman la estructura de la Colonia Nuevo Amanecer, advirtiéndonos que otras descripciones vendrían más adelante, a medida que el Grupo de Estudio avanzara en su trabajo que debe continuar. En estos años de actividad ininterrumpida, en el mismo esquema ya mencionado, pero con diferente estructura, se van construyendo, paso a paso, otras obras, desarrollando otros temas, bajo diferentes temáticas, de acuerdo con la guía del plano espiritual.

Así, en este recorrido de actividades pudimos recopilar otras informaciones sobre Nuevo Amanecer que fueron introducidas en este trabajo, para agregar su contenido, según lo aconsejado por Cairbar. El autor espiritual, a su vez, expresó, en varias reuniones mediúmnicas del Grupo de Estudio, que la recolección de datos y tal vez revelaciones continuará. Sin embargo, cada revelación del plano espiritual se hará en el momento que lo

Alto considere propicio y oportuno, y nuestro trabajo debe continuar su curso en espera de tales complementos y aclaraciones.

Este trabajo, por tanto, no agota completamente los temas relacionados con Nuevo Amanecer.

Mi agradecimiento a mis compañeros encarnados que con dedicación, amor y fe me apoyaron en el cumplimiento de esta tarea designada por Cairbar.

Mi gratitud a los equipos espirituales cuya constante ayuda, guía y aliento hicieron posible que pudiéramos completar este trabajo.

Mi gratitud a Jesús por poder, aunque sea de forma sencilla, colaborar con la difusión de informaciones sobre la Espiritualidad encaminadas a la progresiva iluminación espiritual de las criaturas, siguiendo las huellas de la gigantesca obra realizada, en su nombre, por el célebre codificador Allan Kardec.

Abel Glaser por el Espíritu Cairbar Schutel

Director espiritual de la Colonia Espiritual

LA SEMILLA FUE SEMBRADA

Un día, en 1960, mientras estaba en casa, fui llamado para brindar asistencia espiritual a una vecina que pedía ayuda a gritos.

En aquella época, cuando todavía estaba soltero, vivía con mi madre y mis tres hermanos menores en el barrio de Mirandópolis, en la capital del estado de São Paulo. La parte trasera de la casa daba a la calle y algunos vecinos, sabiendo que yo era espírita, vinieron a llamarme.

Inmediatamente me dirigí a la casa que me indicaron y, al llegar allí, encontré a la señora necesitada, deprimida y postrada. Indiqué a las personas presentes que estaban sentadas en la sala para que, con todo el amor de sus corazones, me acompañaran en el pensamiento en la oración que dirigiría a Dios para su beneficio. Rezando el Padre Nuestro, modelo más perfecto de concisión, verdadera obra maestra de sublimidad en la sencillez[7], combinado con la inspiración espontánea que brotaba de mi espíritu, oré en su favor para protección de los amigos del plano mayor, nombrando en particular a Cairbar Schutel.

Era la primera vez que buscaba ostensiblemente, a través de la oración, la ayuda de este querido hermano espiritual.

La respuesta fue inmediata. Una intensa implicación se apoderó de todos nosotros. Mi intuición indicó su presencia. El ambiente en el que nos encontrábamos estaba inundado de suaves fluidos, trayendo un enorme bienestar a la residente que, apoyada en su fe, buscaba el consuelo brindado por benefactores espirituales.

---

[7] *El Evangelio según el Espiritismo*, Allan Kardec, Capítulo XXVIII, número 2.

Sentí Cairbar y su vibración: una mezcla de energía y amor.

No tardé mucho en comprender que aquella invocación y el primer encuentro notable con este espíritu no fue casual. A partir de entonces, Cairbar se sentiría muchas veces en mi vida, estando presente en los principales momentos de mis tareas y decisiones.

Después de muchos años de seguir trabajando impulsado por el ideal espírita, sigo sintiendo a Cairbar, confirmando lo que percibí cuando acababa de abandonar la postura católica.

Desconocía la Doctrina Espírita en mi infancia y juventud. Bautizado y confirmado, recibí clases de catequesis y tuve la experiencia de ser monaguillo en la parroquia de Vila Conceição, hoy Diadema, cuando era adolescente.

Guiado más estrechamente por mi madre, aprendí desde temprana edad a creer en Dios, en la existencia de un ángel de la guarda y a rezar el "Padre Nuestro." La creencia en algo más allá de la materia se estableció en mi espíritu, a pesar de ser vaga, satisfaciendo las necesidades espirituales de mi adolescencia y parte de mi juventud.

Sin embargo, a medida que pasaron los años, mi comprensión pedía a gritos explicaciones más claras. Me torturaba no comprender la justicia divina que permitía nacer niños sanos mientras otros nacían ciegos, sordos, mudos, lisiados o excepcionales. Las respuestas que me dieron, que Dios actuó así para castigar a los padres de estos niños, no fueron del todo convincentes. Tampoco pude entender el porqué de las diferencias sociales, la miseria de muchos y la abundancia de pocos.

A veces asistía a misa los domingos.

Aprecié los sermones bien pronunciados e incluso me conmovieron las actuaciones del coro. Sin embargo, nunca me conmovió la externalidad de los rituales.

Aunque mi fe en Dios nunca flaqueó, después tuve largos períodos de indiferencia hacia las prácticas religiosas externas, manteniéndome alejado de la iglesia, de sus exigencias y obligaciones, prefiriendo cultivar la oración en el aislamiento de mi propia casa, tal como me había enseñado mi madre, rezando por la noche antes de acostarse y por la mañana al levantarse.

Durante la década de 1950, algunos hechos se destacaron en mi vida religiosa. Cuando fui a trabajar por dos meses a la ciudad de Araçatuba, en sustitución de colegas en vacaciones reglamentarias, un radio operador de una empresa de servicios aéreos, otro empleado, despachador de aeronaves, me hablaron sobre el Espiritismo, lanzando en mi corazón la primera noción de la Doctrina Espírita. Posteriormente se desarrollaría. En ese momento; sin embargo, sentado en uno de los bancos de la plaza central de la ciudad, no presté mucha atención a sus palabras, no logrando asimilar más profundamente sus argumentos, incluso replicándolos, tontamente, por suponer que su intención era convencerme de adherirme a sus ideas, que eran bastante exóticas para mi concepción en ese momento. De hecho, no estaba preparado para este tipo de diálogo, porque en esta etapa de mi vida las actividades sociales predominaban sobre las religiosas. Prefería bailar en discotecas y fiestas, coquetear con chicas e ir al cine.

Al año siguiente, también con el objetivo de sustituir a un colega de vacaciones, me fui a trabajar a la ciudad de Paranaguá por un mes. Allí tuve la oportunidad de participar en una actividad promovida por la iglesia local, más específicamente una serie de conferencias que abordaron, entre otros temas, la creación del Universo, lo cual me interesó mucho. En ese momento, los disturbios me envolvieron. Ideas extrañas aparecieron en mi mente. Fue un período de sensibilidades mediúmnicas controvertidas, influencias espirituales que, en ese momento, no pude comprender.

A estas alturas de mi existencia, la mediumnidad, la reencarnación, así como la idea de la reforma íntima aun eran desconocidas para mí y nada me animaba a profundizar en los asuntos espirituales. A veces leía extractos del Nuevo o Antiguo Testamento, que no siempre eran claramente comprensibles para mi entendimiento. Nunca había visto ni oído cualquier referencia a un libro o mensaje espírita. Ni siquiera había noticias que existieran.

Mi forma de vida era más o menos uniforme y, por tanto, despreocupada. La caridad, el servicio a los demás, no estaba incluida en mi universo.

El año 1958 fue muy significativo para mí. Luego cursaba el segundo año del curso de música clásica en el Colegio Estatal Brasílio Machado. Allí conocí a Iseralda y, desde el momento en que intercambiamos nuestra primera mirada, sentimos una gran afinidad el uno por la otra. Sin embargo, no pasó nada importante, ya que estaba comprometido con otra chica que había conocido durante las vacaciones escolares y con quien me comprometí cuarenta días después.

Con el paso del tiempo, el entusiasmo se fue enfriando y el amor dejó de existir, transformándose el sentimiento en simple amistad. Me di cuenta que esa chica, a pesar de ser superdotada, no era la compañera destinada a mi existencia. Después de mucha reflexión rompí el compromiso, pues no sería lógico que ella se casara con alguien que ya no la amaba.

A finales del mismo año comencé a salir con la mujer que estaba destinada a ser mi apoyo en esta vida y, después de cinco años, nos casamos. Aproximadamente después de un año de noviazgo, Iseralda se animó y me confesó que era espírita. Aun ignorando cuál era la esencia del Espiritismo, quedé escandalizado.

Una tarde; sin embargo, me encontraba en la plaza João Mendes Jr, en el centro de São Paulo, esperando a que Iseralda fuera junta a la escuela, cuando ocurrió un hecho significativo. Como había llegado muy temprano, "tuve la idea" o inspiración.[8] No dudé ni un momento y lo compré. Comencé a devorar con avidez sus enseñanzas, leyendo rápidamente sus páginas. Esa noche, al regresar a casa del colegio, solo pude a dormir después de haber terminado de leer este trabajo.

---

[8] "Todo aquel que, tanto en estado normal como en éxtasis, recibe, a través del pensamiento, comunicaciones ajenas a sus ideas preconcebidas, puede incluirse en la categoría de médiums inspirados." *El Libro de los Médiums*, Cap. XV, num. 182.

Me parecía al peregrino sediento que acababa de encontrar un oasis providencial en medio del desierto. Pude conocer la biografía de Allan Kardec y las nociones preliminares del Espiritismo. Las aclaraciones que recibí en aquella ocasión despejaron mi mente, iluminaron mi corazón y calmaron mi espíritu.

A partir de entonces, muchos otros libros fueron leídos por mí y el estudio del Espiritismo se convirtió en una constante en mi vida.

En febrero de 1960, exactamente el martes de Carnaval, tuve mi primer contacto con un centro espírita: el "Centro Espírita María Emília de Almeida", sociedad frecuentada por la familia de Iseralda. Allí conocí a personas que se hicieron muy estimadas, entre ellas el presidente de la sociedad, señor Armando Cetas, y el médium García. Fue a través de las palabras de Cetas que, por primera vez, escuché el nombre de Cairbar Schutel.

Desde entonces, conocí el nombre Cairbar, estudiando sus obras y su biografía — especialmente *"Una Gran Vida"*, de Leopoldo Machado —, pudiendo comprender el carácter pionero de su obra en la difusión de la Doctrina Espírita en Brasil, en un época de arraigados prejuicios religiosos.

Sin embargo, no había llegado para mí el momento de un entendimiento directo y personal con este amigo espiritual que marcaría de forma indeleble su influencia positiva en mi vida. Cairbar, que había recibido en Matão la noción del Espiritismo en su corazón — que se desarrolló y fructificó de manera intensa y ejemplar —, contribuirá decisivamente al desarrollo de lo que se lanzó en mi seno.

Aproximadamente dos años después de comenzar a asistir al Centro Espírita, recibí una invitación de un colega de trabajo para participar de una reunión espírita en su casa.

Fue allí donde conocí a Osório Pereira da Silva, presidente del "Centro Espírita Evangélico Humildad y Amor." Esta Casa contaba con un departamento de servicios de asistencia centrado en la infancia. En realidad, un salón donde vivían con sus hijos algunas madres indefensas. A pesar del gran amor y lealtad con que se llevó a cabo el trabajo, carecía de una estructura que garantizara estabilidad e ingenio. Iseralda y yo empezamos a frecuentar este lugar con regularidad.

No pasó mucho tiempo para que se comenzara a reunir un grupo de trabajo para dotar de personalidad jurídica a este hogar infantil, con el objetivo que pueda desarrollarse con un equipo y una administración propios.

Como resultado de varias reuniones relacionadas con esta labor administrativa, se eligió el nombre de Cairbar Sehutel como patrón del Hogar, pero solo a medida que se acercaban las bodas de plata de la institución pudimos comprender con mayor claridad las razones de la conexión entre el Hogar y su significado espiritual con el mentor.

Cerrando filas con Osório y un pequeño grupo de idealistas, Iseralda y yo seguimos adelante, visitando varias instituciones similares a la que pretendíamos fundar, recaudando subsidios que nos ayudaran en la ansiada reestructuración. Visitamos obras en la Capital y el interior del Estado.

Además de la información recabada de los directivos de estas entidades, recabamos copias de sus estatutos y reglamentos internos, que utilizamos para estudio y reflexión.

De estas subvenciones, debatidas en sucesivas reuniones, surgieron los parámetros para redactar los estatutos deseados. Osório y yo a menudo intercambiábamos ideas sobre todo el trabajo que hacíamos juntos. Fue en una de esas ocasiones que, a través de él, como médium psicofónico que era, Cairbar Schutel me habló largamente. Aportó ideas complementarias, sugirió medidas, animó el trabajo que daría como resultado la creación del Hogar Escuela tal como existe hoy, señalando; sin embargo, que sería mucho más grande de lo que imaginábamos. Y, en esta ocasión, me confió una responsabilidad mayor, diciendo: "¡Hermano, confiamos en ti, a nivel material, para polarizar la coordinación y la continuidad de este trabajo!"

Sentí el peso de la tarea, aceptándola; sin embargo, con determinación, confiando en el apoyo del plano mayor. Con el apoyo irrestricto de Iseralda y la participación activa de un número creciente de trabajadores encarnados, la tarea podría llevarse adelante.

El 17 de enero de 1963 se celebró la asamblea general que dio existencia legal a Hogar Escuela Cairbar Schutel, aprobando sus estatutos. La semilla fue sembrada.

"El Espiritismo es la clave con la que todo se puede explicar fácilmente.

El Espiritismo es la nueva ciencia que revela a los hombres, mediante pruebas irrefutables, la existencia y naturaleza del mundo espiritual y sus relaciones con el mundo corpóreo."[9]

Abel Glaser

---

[9] *El Evangelio según el Espiritismo*, Allan Kardec, Cap.1, núm 5.

LA GERMINACIÓN

Desde joven tuve la gran idea de formar una familia. De hecho, compañeros de trabajo y amigos de mi juventud, a veces mayores que yo, dijeron que se sorprendieron cuando les expliqué mis pensamientos sobre el tema, dada la gravedad del asunto.

De hecho, cuando coqueteaba con chicas, intentaba encontrar en algún lugar a la persona ideal con la que algún día formar un hogar. Sentí en mi corazón que sabría identificar la oportunidad y, cuando el 25 de mayo de 1963 me casé con Iseralda, me alegré de ver confirmadas mis expectativas. Iseralda, de alguna manera, me mostró la Doctrina Espírita y esto vino a fortalecer aun más mis ideales sobre la importancia del hogar y de la familia.

Por otro lado, como regalo de la Espiritualidad y confirmación del éxito de nuestra relación, seis días antes de la boda, en una reunión mediúmnica celebrada en la sede del Hogar Escuela Cairbar Schutel — fundada unos meses antes — acudieron a nosotros. espontáneamente, a través de la clarividencia del médium Pedro Rocha, revelaciones de varias existencias anteriores en las que ya habíamos compartido nuestra unión.

En mi nuevo hogar tuve la suerte de encontrar un ambiente para continuar sistemáticamente el culto al Evangelio, iniciado en 1959, siempre a la luz de las enseñanzas que la Doctrina Espírita trazó en mi vida.

El Creador nos dio cuatro hijos.

Desde temprana edad traté, junto con mi esposa, de transmitirles las enseñanzas que había absorbido en mis estudios doctrinarios para que también sus pequeños corazones tuvieran el florecimiento de las luces del entendimiento cristiano en espíritu y verdad.

Paralelamente al crecimiento de mi familia, se fue desarrollando el Hogar Escuela Cairbar Schutel, bajo la dirección espiritual de Cairbar, principal coordinador de estos escritos que revelan su inmensa labor en la Espiritualidad.

Líder del Espiritismo en su encarnación y trabajador incansable en el campo de Cristo en la Espiritualidad, con su fuerza y visión de gran líder, viene guiando espiritualmente el sencillo trabajo que realizo junto a dedicados compañeros en este Hogar de Niños.

El primer paso dado, luego de regularizarse formalmente el Hogar Escuela, fue adecuarlo para cumplir con sus fines. Para ello, era imprescindible renovar la sala y ampliar las instalaciones, para poder dar atención a los niños que allí eran enviados en busca del hogar y la escuela que necesitaban.

Al terreno donde se construyó la sala, recibido por donación, se le adjuntó otro terreno, adquirido al Banco F. Munhoz, a un precio simbólico, duplicando el área geográfica de la Institución. La unión y esfuerzo de los distintos trabajadores dio como resultado la construcción de otras instalaciones necesarias para los servicios de la Casa, que, en marzo de 1966, comenzó a funcionar plenamente. Los niños que padecían graves problemas sociales comenzaron a recibir atención en régimen de internado, de forma totalmente gratuita. Recuerdo que a través del cohermano Aparecido O. Belvedere fueron admitidos en el Hogar los primeros niños, dos hermanos traídos casi inanimados por la extrema necesidad en que se encontraban.

Las dificultades que surgieron, relacionadas con la obtención de recursos materiales y la obtención de mano de obra remunerada, fueron superadas por la dedicación y perseverancia de los empleados, cuyo amor por el trabajo y por los niños se arraigó cada vez más en sus corazones.

Aliada a la fe, la protección espiritual fue constante y la obra se desarrolló cada vez más.

Tiempo después surgió la oportunidad de adquirir otro terreno, anexo al modesto pero activo edificio construido. Con el esfuerzo de directivos y orientadores se concretó la adquisición, permitiendo iniciar la construcción de un edificio de mayor tamaño, buscando ampliar las condiciones de atención a los niños enviados a la obra para apoyo y orientación.

Las difíciles luchas fueron glorificadas con la inauguración del nuevo edificio, en noviembre de 1979.

Poco a poco fuimos materializando la estructura diseñada por el equipo de encarnados y desencarnados dedicados a la institución. El ideal de ampliar la atención a los niños, material y espiritualmente, fue realizado, a la luz del entendimiento espírita, con la colaboración de amigos espirituales guiados fraternalmente por Cairbar.

En las reuniones de la Junta Directiva y del Consejo, constantemente buscamos enfatizar el espíritu de equipo en todas las tareas. Con la creación de los departamentos se abrió espacio para que todos, según sus posibilidades y habilidades, puedan competir aun más por el trabajo. Paulatinamente la prestación de servicios se fue desarrollando por equipos departamentales, siempre voluntarios.

Estas mismas actividades giraron inicialmente en torno a una idea: el Hogar ayudaría a menores desfavorecidos hasta que alcanzaran la edad adulta; lo que de hecho les sucedió a algunos de los acogidos. Con el tiempo fue mejorando, prevaleciendo la filosofía de trabajo del Hogar Escuela de ser una especie de hogar de transición, o casa de acogida, donde el niño permanece mientras persista su problema social. No pocas veces la institución monitorea toda la infancia del menor e incluso su adolescencia, demostrando que en muchos casos son necesarios muchos años de convivencia y apoyo.

Los trabajadores de la Casa, junto con la tarea que desempeñan, pueden sentir la oportunidad de reforma íntima que la tarea ofrece a todos, transformando paso a paso en realidad un ideal, el lado verdaderamente material de la lucha espírita.

Superando los obstáculos naturales, veo la victoria cada día liderada por el Director Espiritual de la institución, Cairbar Schutel, ya sea en la consecución de sus objetivos administrativos y espirituales o en las sonrisas de los niños que tienen la mayor parte, si no la única, de su casa allí.

Dejo constancia, para la reflexión, una enseñanza oportuna, pertinente a la idea de hogar y de escuela, transmitida por la Espiritualidad con motivo de estos escritos:

"Alimenta el espíritu saber que, para el plano mayor, el hogar no es solo un lugar donde se vive. De hecho, su figura se asemeja a la de un nido donde florecerá el amor, que es el sustento de la Humanidad, y el hierba donde germina la esperanza. Un nido donde, concentradas emociones, energías se revitalizan para el difícil viaje en este orbe nuestro. Junto a la admirable fuerza motriz aparece la imagen de la escuela, otro lugar sagrado para la continua evolución de los seres, donde aprendemos a aprender e incluso a conocernos. En la escuela se consolidan los valores adquiridos en el nido en el que fuimos criados; aprendemos a conocernos a nosotros mismos y a nuestro hogar.

Eleven su espíritu hacia aquellos a quienes llaman, para que, encontrando en ustedes las disposiciones necesarias, siembren abundantemente la semilla que necesita germinar en sus almas y dar frutos de caridad y de justicia."[10]

"No basta con creer; es necesario, sobre todo, dar ejemplos de bondad, tolerancia y desinterés, sin los cuales vuestra fe será estéril."[11]

Abel Glaser

---

[10] *El Evangelio según al Espiritismo*, Allan Kardec, Cap. XVII, núm. 10.

[11] *El Libro de los Médiums*, Allan Kardec, Cap.XXXI – 1.

LOS CUIDADOS CON LA PLANTA

El Hogar Escuela Cairbar Schutel, ubicada en la Rua Francisco Preto, número 213, Vila Morse, en la capital del Estado de São Paulo, tiene una extensión de 1.440 metros cuadrados.

Sus instalaciones se dividen en secretaría, biblioteca, sala de estudio, sala de reuniones, cocina, despensa, cafetería, cuarto de costura, cuarto de lavado, cuarto de planchado, trastero, bazar, zona de ocio, dormitorio infantil y dormitorio de empleados.

Desde su funcionamiento, la Casa se ha dividido en tres áreas diferenciadas que se complementan entre sí: atención específica a la infancia, doctrinaria y administrativa.

El cuidado del niño comienza con la formalización de la solicitud de hospitalización. Una vez cumplimentado el correspondiente formulario se procede a la investigación, cuyo objetivo es confirmar la información declarada y valorar la gravedad del problema social que afecta al menor.

Una vez que la información es positiva, se requieren pruebas de laboratorio para comprobar el estado de salud del niño y proteger a quienes ya están dentro del contagio de cualquier enfermedad transmisible. Con la aprobación del médico de la Casa se autoriza la hospitalización, siempre que también sea aprobada por la autoridad judicial del Tribunal de Niñez y Adolescencia del Circuito.

El interno recibe entonces cuidados y asistencia similares a los que recibe un niño en su propio hogar: higiene, alimentación, vestido, recreación, educación, médico–hospitalario, odontológico, asistencia psicológica y amor. En las escuelas del barrio se realizan estudios de preescolar, primer grado y demás estudios necesarios y adecuados, brindando al niño el contacto con la comunidad desde temprana edad, evitando que el Hogar sea un proyecto cerrado.

Existe una entrevista mensual obligatoria del posible familiar más cercano del niño con un director de la institución. Se fomenta el contacto semanal entre los internos y sus familias, incluidas salidas, con el objetivo tanto de hacer un seguimiento del problema social como de fortalecer los vínculos hijo—familia, previniendo traumas y buscando una solución para cada caso. Al ser un colegio internado, en régimen de tutela, el trabajo es ininterrumpido y, por ello, la Casa cuenta con un equipo de empleados asalariados distribuidos en tareas directamente vinculadas con el menor y servicios generales.

Supervisando y apoyando estos servicios se encuentran los departamentos: Detección y Seguimiento Social, Personal y Patrimonio, Médico, Educación, Orientación Interna, Artístico y Recreativo.

La actividad doctrinaria apunta en particular al equilibrio vibratorio del Hogar y al apoyo espiritual de los niños, trabajadores y colaboradores de la Casa. Para ello, se realizan periódicamente reuniones de estudio doctrinario basadas en las obras de Allan Kardec, mediúmnica y asistencia espiritual. En este sentido, merece mención el Grupo Hermana Scheilla, soporte mediúmnico de la institución. Este Grupo nació en mi casa, en 1962, con el encuentro paulatino de familiares, amigos y cohermanos que, por regla general, se incorporaban a Hogar Escuela Cairbar Schutel como socios, asesores, directores y trabajadores de los equipos departamentales. Reunido provisionalmente todos los sábados por la noche en mi residencia, el Grupo se trasladó definitivamente a la sede del Hogar el 21 de marzo de 1987.

El Grupo Hermana Scheilla siempre ha sido muy querido para mí, brindándome apoyo vibratorio y guía espiritual en nuestras tareas. En los próximos capítulos destacaré mejor su trabajo. En estas reuniones Cairbar Schutel fue y es el asesor incansable, contando con el apoyo y la presencia del mentor del Grupo, Scheilla.

Otros trabajos doctrinarios se llevan a cabo en la Cámara. Desde el principio la evangelización mereció especial cuidado y atención. En clases semanales, un equipo busca transmitir a los niños la enseñanza del Evangelio de Jesús, a la luz del Espiritismo.

El Hogar mantiene un servicio fraternal, abierto a la comunidad, seguido de conferencias evangélicas y asistencia espiritual.

Poco a poco se van conformando nuevas áreas de atención espiritual, a partir de subsidios obtenidos en la labor de unificación del movimiento espírita, trascendiendo desde este punto de vista la prestación de servicios a los niños internos y brindando apoyo y orientación a quienes buscan la Institución..

De apoyo y supervisión de las actividades doctrinarias están los departamentos de Evangelización y Orientación Doctrinaria. También es imprescindible mencionar los departamentos que apoyan otras tareas del Hogar: Promoción, trabajando durante todo el año en la realización de obsequios y eventos para recaudar los recursos necesarios para el mantenimiento de la institución; obras, destinadas a los servicios de conservación y reparación y ampliación de la Casa; legal, con apoyo del área cuando sea necesario; cultural, colaborando en la publicidad de grandes eventos, elaborando boletines internos y cuidando la biblioteca, discoteca y videoteca; abastecimiento, dotando semanalmente de alimentos a las despensas de la institución.

La actividad administrativa del Hogar se divide en ejecutiva y deliberativa.

El ejecutivo está adscrito al Directorio, el cual tiene un mandato de un año y se reúne ordinariamente cada semana. Se ocupa de la correspondencia, supervisión del trabajo departamental, admisiones y altas de niños, admisión y despido de empleados, turnos especiales de fin de semana, gestiones legales con oficinas públicas, seguimiento y apoyo a todos los eventos, registros contables y de membresía. Al ser Hogar Escuela una entidad filantrópica, los cargos de sus administradores se desempeñan *ad honorem*.

Los directores informan sus acciones a la Junta Directiva mensualmente y anualmente a los miembros plenos, reunidos en asamblea general. Los miembros del Comité Ejecutivo están necesariamente presentes en estas reuniones, siendo parte integrante de las mismas.

La deliberación está vinculada al máximo órgano de la Cámara, el Consejo Deliberante, integrado por miembros efectivos de la Cámara, que se reúnen mensualmente para conocer las actividades de la Junta Ejecutiva y sus departamentos, el Consejo Fiscal, así como deliberar sobre asuntos de relevancia de la institución.

Entendiendo el trabajo de Cairbar Schutel en la Espiritualidad y sus afinidades con el Hogar Escuela, puedo comprobar cuán correcta es la actuación de la Casa, en forma de internado, ya que tiene compromisos con los espíritus que, como niños reencarnados, acuden a ella referidos en de diferentes maneras por las manos invisibles del mundo mayor.

La responsabilidad de este tipo de trabajo hacia los menores extremadamente necesitados, con relevancia para los niños huérfanos y abandonados, es, como su nombre indica, verdaderamente funciones del Hogar Escuela, encaminadas al desarrollo integral de su espíritu hacia la perfección, objetivo de todos nosotros. Las instituciones de esta naturaleza tienen un propósito importante cuando tratan con quienes necesitan apoyo y guía espiritual. Trabajar con estos niños es más que una función social, es sumarse al trabajo de la progresión de los seres en la escala evolutiva destinada a la Humanidad.

Por ello, se hace necesaria una breve explicación sobre el espíritu del niño encarnado: es un ser antiguo, como todos nosotros, que regresa a la vida corpórea para redimir los errores y progresos del pasado. Viene de forma ingenua e infantil al inicio de su camino terrenal, dentro de la sabiduría de Dios, para ganarse la ternura de sus padres y educadores, recogiendo así nuevas enseñanzas y experiencias para su evolución.

El Hogar Escuela Cairbar Schutel, que ha estado ayudando a los niños, está trabajando en la construcción de un nuevo edificio que también permitirá albergar a las niñas.

Nuevamente hay luchas que afrontar, oportunidades para ejercitar la perseverancia, el trabajo conjunto y el amor.

Existían crisis. Las dificultades están ahí. Pero el Hogar busca continuar firme en su camino, bajo el compromiso material de dedicados colaboradores encarnados y bajo la firme protección de su director espiritual.

"...porque tú eres un grano de arena; pero sin granos de arena no habría montañas."[12]

"¡Arma a tu falange con decisión y coraje! ¡A trabajar! El arado está listo; la tierra espera; ¡Al arado!"[13]

Abel Glaser

---

[12] *El Evangelio según el Espiritismo*, Allan Kardec, Cap.I, núm 10.
[13] ibid, Cap. XX, núm 4.

EL CULTIVADOR

Cultivando la joven planta que germinó después de la siembra, el Consejo Deliberante del Hogar se reúne periódicamente con la presencia de consejeros, directivos y equipos departamentales.

En estas reuniones siempre se sintió la presencia de Cairbar y sus emisarios, no solo intuyendo e inspirando a los participantes sino también aparentemente, a través de la mediumnidad, durante las vibraciones finales realizadas al final de cada reunión, práctica adoptada también en las reuniones del Comité Ejecutivo.

El Consejo Deliberante funciona como equilibrio, evitando posiciones extremas en las resoluciones y haciendo prevalecer el sentido común, incluso en lo que respecta a la postura doctrinaria espírita.

Siempre ha sido el órgano deliberante por excelencia, decidiendo los proyectos y modificaciones a remitir, valorando informes y rendiendo cuentas, actuando por tanto como órgano de supervisión de las actividades del Consejo, junto con el Consejo de Supervisión.

Es la colegiata donde se analizan todos los problemas, desde los más simples hasta los más complejos, en un programa conjunto de objetivos, medios y ética, pertinentes al destino del Hogar Escuela Cairbar Schutel.

Es el laboratorio en el campo de las ideas y el desarrollo de recursos humanos, abriendo espacio a nuevos trabajadores. Es también donde se decide la programación anual, el calendario de actividades y la previsión de recursos permanentes que garanticen la supervivencia de la institución.

Es el punto de apoyo para la ampliación y desarrollo de la obra, la salvaguarda y la retaguardia para superar todas las dificultades que afectan al Hogar. Durante turnos especiales y eventos más importantes, los consejeros son una ayuda adicional para realizar las tareas oportunas y necesarias. También polarizan grupos de miembros contribuyentes, organizándolos entre sus amigos y familiares.

Para el orientador, como para el director o miembro de un equipo departamental, el Hogar Escuela es una extensión de su propio hogar y los niños que cuida son una extensión de su familia.

Si los departamentos de la Cámara representan la parte operativa del trabajo y el Consejo Ejecutivo su coordinación, el Consejo Deliberante constituye la cumbre del edificio organizativo y administrativo de la Cámara. En 1988 este cultivador cumplió 25 años.

En estos capítulos iniciales pudimos retratar un poco de la historia y el funcionamiento de Hogar Escuela Cairbar Schutel, una de las tantas instituciones de asistencia espírita en Brasil que representan un trabajo práctico orientado a la prestación de servicios a los demás.

Jesús nos instruyó a dar de comer al hambriento, de beber al sediento, vestir al desnudo, así como visitar a los enfermos y a los encarcelados.

Para el Espiritismo no basta el estudio doctrinario y el culto interior de quienes lo practican. También hay que estar motivado para trabajar encaminado a minimizar — cuando no es posible solucionarlos en absoluto —, los problemas de los seres necesitados. Es la caridad, el ejercicio del altruismo y la devoción lo que resulta indispensable para nuestro desarrollo hacia las más altas adquisiciones de los verdaderos valores y la brillantez del alma.

Para ello, fomentando el progreso de todos nosotros, el plano mayor nos ofrece "Nuevo Amanecer", levantando con sus revelaciones otro velo de lo desconocido. Es un subsidio adicional para animarnos a aprovechar bien los días de este camino terrenal, no esclavizándonos en un egoísmo enfermizo para que, un día, cuando volvamos a la Espiritualidad, podamos vivir en el mismo lugar o similar.

Los capítulos presentados proporcionan la base para comprender el funcionamiento y administración de la Colonia Cairbar porque simbolizan la integración que existe entre los dos planos de la vida. El Hogar Escuela Cairbar Schutel, como otras instituciones, es una extensión de Nuevo Amanecer y trabaja día tras día para crear otras extensiones. De esta interconexión depende el progreso de la Humanidad y la verdadera caridad es la que produce frutos en los planos material y espiritual. El Hogar Escuela de este plan, sin saberlo, se inspiró en Nuevo Amanecer para su funcionamiento y, de la misma manera, Cairbar espera que se creen otras instituciones de amor para esperar en actividad la llegada del inicio de la Tercer Milenio.

Al final, volveré nuevamente a esta interconexión físico—espiritual.

A partir de ahora podremos conocer el trabajo que Cairbar Schutel realiza en el plano espiritual, esfera de la que todos venimos y a la que algún día regresaremos.

"Trabajemos juntos y unamos nuestros esfuerzos, para que el Señor, cuando llegue, encuentre la obra terminada."[14]

"Cultivad este árbol de la vida, cuyos frutos dan vida eterna. Quien lo plantó os anima a tratarlo con amor, y aun lo veréis dando en abundancia sus frutos divinos."[15]

Abel Glaser

---

[14] *El Evangelio según el Espiritismo*, Allan Kardec, Cap. XX, núm. 5.
[15] ibid, Cap. XVIII, núm. 16.

LAS RAÍCES ANÓNIMAS QUE SOPORTAN LA COPA EXUBERANTE

Delante aparece una luz. Es un pequeño lugar que parece estar caminando. De repente, crece y dentro de un panorama primitivamente oscuro nace la belleza del color del cielo, el azul, que cristaliza a cada instante en esta admirable visión del mundo espiritual. Superponiendo el azul aparece el blanco, que tiene en sí un edificio magnífico, un edificio del amor, un escenario de vida y de luchas. La luz entonces se hace infinitamente más grande y ahora parece una nube. Este gran blanco, en un inmenso cielo azul, proviene de la ciudad espiritual. Su portal frondoso dorado y brillante emerge de una luz intensa. Se siente paz. Se observa una gran puerta, con la parte superior en forma de arco donde se puede ver un cartel, también de esa forma, que contiene el nombre Nuevo Amanecer en letras doradas. Se puede observar que las dos pilastras situadas junto a la portada están rematadas por esferas luminosas de metal dorado. La Colonia tiene forma circular, y en el campo vibratorio manifiesta la imagen de una inmensa estrella de ocho puntas.

Inicialmente vemos el edificio central, situado en el centro del gran círculo, donde se ubica la "Coordinación General", dirigida por Cairbar Schutel.

Desde la puerta de entrada principal sale un camino que conecta en línea recta con este edificio. Desde allí, por un acceso lateral, se llega a un bosque con hermosos árboles, flores y un lago de aguas cristalinas. Allí encontrará la "Unidad de Elevación Divina", un sector dedicado al contacto de Cairbar Schutel y

Scheilla con la Espiritualidad superior. Este rincón es conocido como "Bosque de Alimentos."

Detrás del edificio central, a la izquierda, hay un grupo de edificios donde se ubican los "Centros de Desarrollo Espiritual." Es un conjunto muy interesante, visto desde arriba tiene forma de estrella de cuatro puntas.

Un poco más adelante, al lado de los "Centros de Desarrollo", tenemos el conjunto de edificios para las "Coordinaciones Especializadas." Este complejo está dispuesto en forma circular y los senderos floridos a su alrededor conforman el diseño de dos estrellas de cuatro puntas superpuestas.

En otra parte de la Colonia encontramos el "Bosque de la Divina Naturaleza" y junto a él la "Plaza Central", la cual cuenta con una gran fuente y una torre de protección, rematada por una estrella de cuatro puntas, conectada con todas las demás torres distribuidas a lo largo de Nuevo Amanecer. A cierta distancia se encontrará con el "Rincón de la Paz", lugar de descanso de los habitantes de la ciudad espiritual, donde se realizan actuaciones musicales.

Frente al "Rincón de la Paz" se encuentra la "Casa de Reposo", también conocida como el "Hospital de Scheilla." El edificio es rectangular, de ocho plantas y tiene administración propia separada de la administración central.

A la izquierda de la "Casa de Reposo", en un edificio en forma de "U", de cinco pisos, se encuentra la "Casa de los Niños", donde se alojan todos los espíritus en la forma infantil de Nuevo Amanecer. Frente a los edificios "Casa de Reposo" y la "Casa de los Niños" se encuentra un gran edificio rectangular de cinco pisos que alberga el "Centro de Aprendizaje Luz Divina." Este es el lugar al que acuden todos los habitantes de la Colonia espiritual, al menos una vez por semana, para un contacto continuo con las enseñanzas de Cristo.

Al lado de este edificio se encuentra la "Casa de la Sublime Justicia", lugar de actividad práctica de la "Coordinación de Evaluación."

Nuevo Amanecer está rodeada por una muralla protectora en la que se encuentran nueve torres, dos de las cuales flanquean la puerta de entrada. Todos ellos están rematados por estrellas de cuatro puntas que tienen la función de proteger e higienizar el lugar.

Finalmente, rodeando la parte interior de la ciudad espiritual se encuentran los "Sectores de Vivienda" individuales y colectivos.

El puesto de Cairbar Schutel en Nuevo Amanecer es el de Coordinador General.

Componiendo la organización hay dos "Puestos de Socorro" que sirven como intermediarios entre el mundo espiritual y el plano material.

Esta Colonia está vinculada a numerosas obras sociales en todo el mundo, siendo una de ellas el Hogar Escuela Cairbar Schutel, y en todos estos centros de trabajo sus trabajadores son guiados directamente por Cairbar Schutel, personalmente o a través de sus emisarios, en la tarea de desarrollo de la vida cristiana de fe, a través de las obras.

"Tus palacios de salones dorados, que se comparan con estas moradas aéreas, vastas regiones del espacio abigarradas con colores que ¿eclipsarían el arco iris?"[16]

Abel Glaser

---

[16] *El Cielo y El Infierno*, Allan Kardec, Segunda Parte, Capítulo II, página 215.

DESCRIPCIÓN DE NUESTRO ÁRBOL

I La Casa de Reposo

En las afueras de Nuevo Amanecer se puede ver un andén donde espera el tren que se dirigirá al Puesto de Socorro en la región umbralina. El paisaje circundante es similar al de corteza.

En la composición se puede ver que se trata de un transportador magnético que flota sobre rieles especiales. El tren parte hacia el Umbral, una región oscura y vibratoriamente densa, con superficies áridas, vegetación seca y retorcida.

En el camino, los espíritus inferiores arrojan objetos pesados sobre los rieles suspendidos. Sin embargo, dotado de un campo magnético repulsivo, el vehículo repele instantáneamente este bloqueo, en una auténtica operación de "limpieza de vías."

¿Por qué intentan atacar la composición? Porque temen que los espíritus sufrientes que ellos someten sean rescatados o que ellos mismos, espíritus dominantes, pierdan su dominio geográfico relativo, siendo obstaculizados en la práctica del mal y enviados a la institución de asistencia en la Espiritualidad.

Se llega a una extensa llanura, calurosa y casi desierta. A lo lejos se pueden ver montañas con sus picos nevados. También se pueden ver espíritus en forma animalizada, tratando de esconderse entre la pobre y escasa vegetación. Sus cabezas deformes se notan a través de los arbustos y las rocas.

Cruzas un túnel como si te sumergieras en profundidades espirituales. La velocidad del tren disminuye. Entramos en una región más fría, con una luz relativamente mayor resultante del reflejo de la luz de las zonas heladas cubiertas de nieve. Acercándonos a las montañas, es posible observar pequeñas cuevas incrustadas en la roca que parecen viviendas. Los senderos bordean la falda de una de las montañas por un camino muy irregular. Hace mucho viento y llovizna frío. Desde lo alto de dos montañas que rodean el valle, acechan criaturas oscuras.

La composición se detiene por unos instantes.

Los mentores espirituales permiten visualizar el acercamiento de estas entidades que bajan de las montañas, feroces, de apariencia primitiva y salvaje. Son, evidentemente, espíritus de seres humanos, algunos incluso muy inteligentes, pero atrapados en formas animales por las ideas que se les fija en la mente, permaneciendo en una especie de auto prisión. Son criaturas que merecen lástima y necesitan ser rescatadas a tiempo.

De repente, el campo de fuerza del vehículo se expande y huyen asustados para esconderse cerca. El tren vuelve a ponerse en marcha y se alcanza de nuevo la alta velocidad. El viaje continúa para visitar uno de los Puestos de Socorro de Nuevo Amanecer. Ahora los carriles ya no están suspendidos sino colocados en la superficie.

La ciudad espiritual cuenta con dos Puestos de Socorro, el número 5 y el número 6. Son prácticamente dos pequeñas Colonias, pilares de Nuevo Amanecer, como todos los demás Puestos lo son de sus respectivas organizaciones de apoyo. Hay un patrón fluidico ligeramente más denso en ellos que en la Colonia espiritual, a pesar de estar fuertemente sostenidos por barreras protectoras, un reflejo de la región del Umbral en la que se encuentran. La estación número 5 se encuentra en la tercera capa; el número 6, en la segunda esfera espiritual que rodea la Tierra.

En los Puestos se realiza un trabajo serio, intenso y arduo, que consiste en recibir, distribuir, reciclar y remitir entidades rescatadas que sufren y obsesionan. Cada Puesto está ubicado dentro de un valle rodeado de inmensos lagos, rodeado de altas montañas y protegido por baterías eléctricas que los aíslan de influencias negativas. Sus conformaciones fueron desarrolladas para protegerse naturalmente de los intrusos, manteniendo un sistema de protección contra intentos de invasión de espíritus inferiores.

Un Puesto se compone de doce edificios dispuestos uno al lado del otro y unidos entre sí por bulevares. Este tipo de construcciones cuentan con grandes cúpulas que emiten una luz casi azul marino, creadas especialmente para, con su estructura y vibración, reprimir las nocivas cargas magnéticas que allí penetran constantemente. De estas cúpulas descienden hileras longitudinales de puntos luminosos, todos dorados, que brillan permanentemente, sirviendo para ubicar el Puesto en la penumbra.

El puesto número 5 alberga en sus doce inmensos edificios alrededor de diez mil espíritus trabajadores y aproximadamente cincuenta mil entidades enfermas. Su capacidad cíclica es muy grande, por lo que se asemeja a una pequeña ciudad espiritual. No todos los espíritus que sufren permanecen allí al mismo tiempo. Alrededor de veinte mil están hospitalizados. El resto son pacientes rotativos que llegan, son tratados y enviados a Nuevo Amanecer u otros lugares de la Espiritualidad dispuestos a albergarlos. Cuenta con cinco cámaras de rectificación, las cuales se encuentran ubicadas en los pabellones M, N, O, P y Q del edificio III. Las cámaras de sueño profundo, tres en total, funcionan en los pabellones R, S y T del mismo edificio y están reservadas para casos graves. También cuenta con una "Unidad Hospitalaria Avanzada" (U.H.A.) que es la base de interconexión con la Casa de Reposo de Nuevo Amanecer, cuyo moderno equipamiento es similar al existente en la Unidad de Recuperación del Hospital de Scheilla. Está ubicado en el edificio V. Los edificios X, XI y XII son refugio para sus habitantes.

El Puesto 5 está comandado por Gabriel, con la ayuda de su esposa Lourdes, quien está a su lado desde hace varios años. Su división del trabajo es bastante funcional, conformada por:

coordinación, equipos de guardia, coordinadores locales, equipo de emergencia y equipo de seguridad. Los Coordinadores Gabriel y Lourdes están establecidos en el edificio I.

Los equipos de deber están formados por espíritus extremadamente dedicados que prácticamente no descansan, permaneciendo en estado de alerta durante todo el día. Ellos son los que hacen que el Puesto siga su rumbo.

Cuidan el material a distribuir, se encargan de las llegadas y salidas de los pacientes, controlan toda la energía utilizada, reciben y distribuyen los alimentos recibidos de Nuevo Amanecer. Tienen su sede en el edificio II.

Los coordinadores locales, doce en total, gestionan cada edificio, actuando como cuidadores de estas unidades.

El equipo de emergencia trabaja en contacto con la corteza terrestre. Recibe espíritus guiados en reuniones mediúmnicas, dirigiéndolos al Puesto de Socorro. Todo es muy rápido y eficiente. Ocupa los edificios VII, VIII y IX.

El equipo de seguridad, ocupante del edificio IV, proporciona todo el esquema de protección, se encarga de las baterías eléctricas y del transporte de entrada y salida.

En el edificio VI se encuentra el centro comunitario, donde los espíritus trabajadores comen, escuchan conferencias y celebran reuniones.

El Puesto de Socorro número 6 tiene la misma estructura administrativa. Es un poco más grande, con alrededor de quince mil trabajadores y atiende cíclicamente entre sesenta y setenta mil entidades, con aproximadamente treinta mil admitidos y el resto siguiendo el mismo esquema de rotación. Está mejor protegido que el número 5, al tener paredes altas equipadas con potentes cargas eléctricas, y su configuración geográfica es similar a esa. Está dirigida por Ataulfo, asistido por Pacheco, su colega de toda la vida en este trabajo agotador pero gratificante.

El transporte cuenta con la ayuda eficaz de un transportador colectivo, similar al tren que conecta Nuevo

Amanecer con las regiones umbralinas. Este vagón emite una fuerte luz amarilla que repele las malas influencias y recorre largas distancias, flotando también sobre rieles magnéticos, para buscar y transportar a los espíritus sufrientes que no pueden moverse, ni siquiera dentro de los Puestos. Estos puestos son lugares de intenso trabajo, atendiendo a espíritus extremadamente necesitados. Las entidades inactivas del "Grupo Hermana Scheilla", por ejemplo, van a un Puesto y luego a Nuevo Amanecer. Otras Colonias tienen su propio método de trabajo con diferentes grupos espíritas.

Al entrar en el Puesto de Socorro número 5, verás una plataforma. Al bajar del tren, puedes ver que, alrededor de los edificios, hay mucho verde en forma de maleza cortada por senderos de color naranja.

Las puertas de los edificios son grandes y se abren de abajo hacia arriba. Al ingresar a uno de ellos, se puede observar que tiene una abertura central, de forma cilíndrica; Desde el suelo hasta el techo, todo brilla de color azul claro. Desde la planta baja hay cinco plantas. Su suelo es rayado de color blanco, parecido al mármol, muy brillante. En recepción, un gran mostrador en forma de media luna. En el borde del tramo central, tres ascensores transparentes. Cada piso tiene una pequeña entrada y un pasillo circular donde hay puertas de acceso a las habitaciones internas, enmarcadas por luminosas franjas verdes.

Cada piso tiene su función específica.

Justo en la entrada hay una pequeña sala de vaporización, cuya finalidad es higienizar los periespíritus de los visitantes para que no lleven líquidos densos al interior de los compartimentos, que podrían comprometer la situación de los espíritus en tratamiento. Se proporciona ropa especial, similar a la que usan los médicos en los hospitales encarnados. Son túnicas largas, con capucha, todas de color verde.

Hay pequeños dispositivos en todo el edificio que mantienen estable su patrón de vibración. La función principal del tramo central es mantener el mismo nivel de vibración en todas las plantas.

Se accede a una gran habitación en el tercer piso, donde hay camas dispuestas como los radios de un círculo. Tienen rotaciones para que los pacientes, entidades rescatadas y ya dormidos, sean alojados sin alterar el orden interno, el cual se mantiene, a pesar del intenso movimiento. Al lado de cada cama se encuentran dispositivos para monitorear el estado del paciente, controlados por un trabajador ubicado en una antesala.

La coordinación local está ubicada en el quinto piso, el más pequeño de todos. En este ambiente se encuentra el coordinador humano en su pequeña sala circular, cuyo techo tiene forma de cúpula, siguiendo la arquitectura del edificio. Contiene archivos, diversos dispositivos de comunicación como videoteléfonos y terminales de ordenador, además de un escritorio lleno de papeles. Al lado, un salón con sofás y sillas. Las paredes no tienen ventanas, pero filtran una luz azul clara.

De regreso a Nuevo Amanecer, ingresamos a la Casa de Reposo, que es el hospital de la ciudad espiritual y su sector más importante, un campo de actividad separado, distinto de su división básica, pero integrado a la Colonia. Se trata de un trabajo fuerte y muy amplio realizado por Scheilla, quien, con dedicación única, coordina catorce equipos cuyos coordinadores forman en conjunto el Consejo de Residencias de Ancianos, que se reúne periódicamente y decide los asuntos pertinentes a la Casa. Después de estas reuniones, Scheilla envía un informe de sus actividades a Cairbar Schutel. Su administración directa en el hospital estuvo estipulada hace mucho tiempo por la Espiritualidad superior.

El equipo de trabajo de Scheilla conecta a muchos encarnados para lograr la sanación espiritual en ambos planos de la vida.

El hospital tiene estructura propia, pero vinculado al Centro de Desarrollo de Medicina Espiritual, a los coordinadores especializados y a la coordinación general.

La Casa de Reposo se ubica junto a la Casa de los Niños, ambas protegidas por tres torres rematadas por estrellas doradas que emiten un intenso brillo magnético, manteniendo la higiene permanente del patrón vibratorio de estas Casas. Está cerca del Sector de Vivienda IV.

El edificio está revestido por fuera con un material que se asemeja al cristal[17] para dar una idea de lo que tienen en su hábitat. No hay ningún cristal en Nuevo Amanecer tal como lo conocemos en el mundo material. Lo que existe hay formas que se le parecen y que, al ser visualizadas por los médiums a través de la clarividencia o el desdoblamiento, tienen esta apariencia — por eso hay edificios en la Colonia espiritual que se comparan con un edificio de cristal —, pero en el interior tiene un revestimiento opaco especial en muchas de sus habitaciones, ya que los pacientes que llegan allí a menudo no están preparados para soportar el brillo de la luz que rodea la Colonia. Tiene ocho plantas, incluida la planta baja.

Es el lugar donde son recibidos los espíritus sufrientes recién llegados de los Puestos de Socorro, traídos por el equipo indio, que mantiene perfecta integración con el trabajo de Scheilla. Tras este traslado se realiza un intenso trabajo para acercar a los pacientes a su nueva realidad. Los miembros del Consejo intentan acoger a las entidades, brindándoles asistencia e intentando explicarles el significado de su llegada a ese lugar, con sus nuevas perspectivas espirituales. Muchos espíritus que entran en la Casa de Reposo no están preparados para comprender el significado de su estancia, ni siquiera a veces entienden dónde se encuentran. Luego se envían a varios equipos de soporte. Cada uno de ellos está formado por varios trabajadores encabezados por uno de los Consejeros, ocupando Scheilla la Administración General. En este trabajo, utilizando mucho amor, pero también mucha instrucción, encuentra la ayuda directa de Cairbar Schutel y sus asesores. El equipo doctrinario envía el material necesario para la elaboración de folletos, que se entregan a los espíritus hospitalizados. En estos folletos, cuidadosamente elaborados por la Coordinación General,

---

[17] Nota del autor del material: Los espíritus trabajan con elementos desconocidos para los encarnados. Por eso, como es imposible una descripción técnica exacta de tales componentes, utilizan comparaciones que los hombres conocen.

se intenta mostrar a los espíritus sufrientes el destino del ser humano, los mensajes de Cristo y, en ocasiones, algunas revelaciones de su pasado permitidas por la Espiritualidad mayor. Sin embargo, en la mayoría de los casos, tales revelaciones solo se dan después de un período relativo de tratamiento y, naturalmente, a través del contacto personal entre los trabajadores del hospital y el paciente.

También hay muchas secciones de evangelización en la Casa de Reposo. Comandados por el Centro de Desarrollo de Doctrina, trabajadores especializados imparten clases sobre temas fluidicos, explicando las corrientes magnéticas que muchas veces atormentan a las entidades enfermas. Estos especialistas están eficazmente preparados y reciben instrucciones de los espíritus superiores.

En varias ocasiones, además de recibir estas clases, los espíritus en tratamiento son llevados a Centros Espíritas, protegidos por entidades elevadas, para acompañar las lecciones doctrinarias allí estudiadas. Este procedimiento se produce cuando el espíritu está demasiado vinculado a la materia, pudiendo comprender mejor las lecciones en contacto con los fluidos periespirituales de los encarnados, lo que les resulta de gran utilidad. Hay necesidad de vibraciones de gran amor en estos encuentros en la corteza, ya que los espíritus en tratamiento captan muy fácilmente las vibraciones negativas provenientes de discusiones impulsadas por sentimientos menos nobles, lo que dificulta el trabajo de los mentores espirituales.

En la planta baja de la Residencia de Ancianos hay un gran vestíbulo, una especie de zona aislada del resto del hospital. Fue diseñado hace unos ochenta años, con la participación directa de la Espiritualidad mayor, que consideró oportuno crear un lugar en el hospital donde los familiares pudieran visitar a los pacientes, ya que las visitas no están permitidas dentro de otras instalaciones, para evitar la ruptura de las normas de sintonía vibratoria. También es donde familiares y amigos esperan a los espíritus ya recuperados con motivo de su alta para continuar con los trabajos necesarios. Es un lugar vaporizado por fluidos terapéuticos especiales que despojan a cualquiera que entre allí de sus dañinos imanes. Las visitas aportan mucho consuelo a los pacientes, satisfacción a los familiares y tranquilidad a los trabajadores del hospital. En esta sala muy amplia, donde prevalece la luz blanca, se encuentra, en el centro, una recepción que controla a los espíritus que entran y salen de la Residencia de Ancianos, visitantes y pacientes. En una parte del salón hay una especie de cabinas, algunas horizontales y otras verticales, que a modo de camillas transportan espíritus que no pueden moverse. En estas cabinas el paciente está aislado vibratoriamente de quienes lo visitan, al mismo tiempo que puede hablar con ellos. En otra parte del pasillo hay sillas donde los pacientes que pueden caminar se comunican con sus visitantes, teniendo un contacto más cercano con ellos.

Un sistema de control de visitas decide, según la prescripción que el médico hace en el expediente del paciente, si procede o no traer a un ser querido o familiar a la presencia del paciente. Este formulario informatizado sale directamente de la oficina de Scheilla y pasa a manos de los trabajadores de recepción, que controlan el tiempo previsto para las visitas permitidas. Hay orientación para que los visitantes tengan conversaciones con el paciente que sean relevantes para el tratamiento que recibió. Estas visitas forman parte de la terapia, ya que hay muchos internos con problemas mentales tratados por médicos similares a los psiquiatras encarnados, que prescriben tratamientos que incluyen la colaboración de otras entidades, como en el caso de la propia familia, cuando es posible. Este es el objetivo de las visitas programadas, que son especialmente remedios para los problemas mentales. El trato espiritual y el amor que la familia transmite a quienes ingresan en un hospital es muy importante, porque la mayoría de las enfermedades se originan en la propia mente debido a actitudes distorsionadas y comportamientos desconectados del espíritu, muchas veces la mente de la criatura, incluso encarnada, es la causa misma de los males que terminan manifestándose en el cuerpo físico.

Frente a la sala de visitas se puede observar un pequeño lugar donde se prepara al paciente para el cambio de vibración; se llama Sala de Adaptación. Allí se realiza la esterilización de ingreso al hospital, realizada por trabajadores protegidos con una prenda fluido−luminosa que los exime de contaminarse con las enfermedades que portan los pacientes. Ningún espíritu entra en las instalaciones del hospital sin ser completamente desinfectado, para no traer problemas externos a los pacientes.

Los pasillos que conectan las demás habitaciones se esterilizan mediante pequeños dispositivos colocados en la unión del techo y la pared, orientados hacia abajo, purificando el aire ambiente.

Frente a la Sala de Adaptación se encuentra la Unidad de Recepción. Es una habitación con luz más tenue para no herir la sensibilidad de los pacientes recién llegados. En este lugar, separados por mamparas, hay una serie de camas sobre las que, según las necesidades del paciente, hay una luz que tiene una triple acción: alimenta de energía al ente que se niega a hacerlo por los medios normales; calma al espíritu, variando de tono según su estado psíquico; medica al paciente, preparando su periespíritu para los medicamentos que le serán administrados durante el tratamiento. Esta luz, que algún día se utilizará en los hospitales de la Tierra, tiene la capacidad muy especial de calmar la "psique" del paciente. Las camas cuentan con colchones inflables y, debajo de ellos, espejos reflejan la luz que atraviesa la entidad. A los pies de estas camas hay dispositivos, similares a ordenadores, que monitorizan el estado clínico del paciente y el tratamiento lumínico que se le aplica. Fueron estos dispositivos los que inspiraron la creación de la Unidad de Cuidados Intensivos (UCI) en los hospitales de la corteza.

En este lugar existen muchas enfermeras que mediante la imposición de manos emiten luces blancas con efectos curativos. Este trabajo es similar al de los médiums pasistas encarnados. Esta sala también cuenta con dispositivos que emiten focos de luz verde, que, reflejados por espejos, rodean a todo el paciente.[18]

Cairbar supervisa personalmente esta unidad, que supone es el primer contacto de la entidad enferma con la Residencia de Ancianos.

A la derecha de la Unidad de Recepción se puede ver el Centro de Triaje, donde se diagnostica la enfermedad del paciente y se envía a uno de los otros siete pisos del hospital. Es una estancia con un único foco de luz blanca, con paredes, suelo y techo muy luminosos. En la parte superior se encuentra una especie de extractor de aire que aspira, expulsando el vapor que allí existe, con el fin de retirar los medicamentos impregnados en el paciente provenientes de la Unidad de Recepción, para no perjudicar el diagnóstico que debe realizar el médico o enfermera. Así, el espíritu, liberado de la medicación, se presenta tal como realmente es. Los trabajadores suelen realizar este diagnóstico sin el uso de equipos, utilizando únicamente sus manos, emitiendo rayos de luz azul que, al encontrar una enfermedad, cambian de color, tendiendo al rojo. Estas emisiones provienen del aura de estos trabajadores, y los encarnados también las tienen. La luz viaja por el cuerpo fluídico del paciente, detectando sus dolencias. Las entidades se colocan en sillas especiales reclinables, con respaldo de cristal, que permiten al trabajador observar, incluso si el paciente está acostado, tanto su parte delantera como la trasera.

---

[18] Nota del autor material: Para los espíritus, los colores no tienen valor en sí mismos. Los desencarnados tienen emisiones magnéticas de hombres aun desconocidas. Algunos de ellos provienen de dispositivos, de otros mismos: vibran y, a través de la fuerza de sus mentes, producen diferentes tipos de emanaciones.

Para que te hagas una idea de lo que esto significa, proponen combinar los colores. Son formas importantes de concentración de energía.

Sin embargo, no utilizan el valor del blanco por su simple tono blanco, ni del verde por ser verde. Si así fuera, en el mundo espiritual cada color tendría su propia fuerza y se sabe que otras Colonias trabajan con otros colores con los mismos fines.

Hay casos en los que Scheilla autoriza al paciente a tomar conciencia de sus problemas, permitiéndole auto diagnosticarse, utilizando un dispositivo específico, ya que la luz emitida por las enfermeras, en la mayoría de los casos, solo es captada por ellas mismas. En estos casos, la fuerza de la propia mente del paciente ayudará al proceso de curación, apoyando la acción de los medicamentos prescritos. La entidad, conociendo el mal que la aflige, puede, por su voluntad, mentalizando a Jesús en sus oraciones, sacar fuerzas para ayudar al tratamiento en sí misma.

Muchas veces el espíritu pasa por el Triage, es enviado a su cama y regresa más tarde para nuevos exámenes. La actividad del Centro es continua, se desarrolla con dedicación y mucho amor.

A la izquierda de la planta baja se pueden ver una serie de pequeñas habitaciones en un enorme pasillo que tiene una luz tenue emitida por focos en forma de anillos de diferentes tonalidades. Las luces calmantes son parte del sistema de tratamiento global que existe en todas las instalaciones del Hogar de Ancianos. En estas habitaciones, los espíritus enfermos que llegan del Triaje esperan que cese el efecto del sueño profundo al que fueron sometidos para luego ser conducidos a los pisos superiores. Otros ya han recibido un tratamiento especial o están convalecientes. Cuanto más grave es el estado del paciente, más al fondo del pasillo se encuentra su habitación, donde la emisión de luz es más intensa. Al final del pasillo se puede ver un gran ascensor muy rápido, capaz de transportar pacientes en camilla y trabajadores. También contiene fragmentos de un tratamiento realizado mediante una luz curativa que proviene de su techo y cambia de tono según las necesidades del paciente, teniendo en ocasiones una función calmante y en ocasiones acción anestésica.

Del lado derecho, frente al Centro de Triaje, se puede ver el Centro de Emergencias, compuesto por dos salas, donde permanecen de guardia los trabajadores del equipo de rescate encabezado por Lúcia, para la atención de emergencia en todo el hospital. Estas habitaciones tienen paredes de cristal transparente que contienen rayos de luz muy clara en sus uniones. En este lugar, los pacientes permanecen en camas y, cuando ya están miniaturizados para la próxima reencarnación o cuando se trata a niños, se les mantiene en camas más pequeñas, en forma de calabazas protegidas por vibradores.

En estas instalaciones las entidades reciben tratamiento de emergencia cuando no pueden esperar atención en la Unidad de Recepción por la gravedad de su condición, ni pueden ser trasladados inmediatamente al Centro Quirúrgico. Al imponerles las manos, las enfermeras les brindan el apoyo necesario. Estos pacientes suelen ser espíritus obsesionados que tienen fuertes vínculos con entidades malignas. En este caso específico, se atiende al paciente con mucho amor y una depurada técnica de pases cíclicos, con el fin de hacer circular el fluido magnético y terapéutico emitido por la enfermera, brindando mayor beneficio y evitando el desperdicio de esos mismos fluidos.

Pases similares también pueden ser aplicados por médiums pasistas encarnados en reuniones de desobsesión, principalmente en la región cerebral del espíritu incorporado.

En el último piso de la Casa de Reposo, en su zona central, se encuentran los cuatro quirófanos, totalmente protegidos de cualquier influencia negativa, con una iluminación muy intensa y equipados con equipamientos aun desconocidos por los encarnados. Uno de ellos es el emisor de luz que acompaña las cirugías, asegurando una higiene continua del ambiente a su paso por el cuerpo del paciente. Otro, similar a una cúpula, con varias boquillas de luz giratorias, emite fuentes de luz a diferentes regiones del cuerpo del paciente, proporcionando un trabajo dinámico al equipo quirúrgico. Emite ondas de luz específicas que penetran en la entidad, permitiendo al médico localizar de manera inmediata los problemas a extirpar, ya sean tumores o anomalías que requieren solución quirúrgica. El paciente no permanece mucho tiempo expuesto a la luz, ya que en la Espiritualidad son inconcebibles operaciones que duren muchas horas.

Se presta especial atención a lo que, si se compara mal, se parece a un "bisturí láser" del que emana una "luz sólida" debido a su baja velocidad de emisión. Esta luz penetra en el cuerpo fluídico del paciente, subdividiéndose en rayos de varios tonos, practicando la incisión, extirpando la enfermedad y luego cauterizándola de adentro hacia afuera. Es un trabajo delicado donde el cirujano aplica lo que no tiene el instrumento, que es pensamiento. Sabe dónde hacer funcionar el dispositivo, dirigiéndolo hacia la zona a tratar. En la Espiritualidad, el cirujano tiene la misma fuerte presencia que en el plano físico, como conductor de la cirugía. Durante esta, un grupo de espíritus benévolos se distribuyen por diferentes lugares de la sala, quedando en una vibración de gran amor por el paciente operado, emitiendo fluidos benéficos de gran importancia en el éxito de la operación, siendo el apoyo fundamental. Muchas de las intervenciones quirúrgicas realizadas en el plano físico fracasan por la presencia de fluidos negativos, incluso, en algunos casos, emitidos por quienes participan en la cirugía. No porque el médico esté acostumbrado a realizar una intervención, o a ayudar en ella, en una sala equipada con el equipamiento adecuado, dejará de amar a una criatura de Dios. El amor debe estar presente en el corazón del equipo quirúrgico y también en el corazón de quienes esperan el resultado de la intervención, especialmente los seres queridos del paciente.

No se debe confundir la cirugía realizada en Nuevo Amanecer con la realizada en la corteza terrestre. El tratamiento destinado al espíritu tiene como objetivo atender los padecimientos de su periespíritu, ya que sus enfermedades son proyecciones o cargas vibratorias negativas que se han ido acumulando a lo largo de su recorrido. Para eliminarlos, el paciente pasa por numerosos procesos, que trabajan con su mente, además de aplicar pases magnéticos y vibraciones positivas desde dispositivos de sofisticada tecnología. Éste es el objetivo de las cirugías espirituales, que se realizan en la Residencia de Ancianos, con mucha seriedad y donde hay pocos cuidados, ya que no se admiten fracasos.

El equipo quirúrgico está dirigido por el Dr. Ricardo, incluyendo trabajos dirigidos a los encarnados, cuando Scheilla lo considera necesario. El Dr. Ricardo ha trabajado en el hospital por más de ochenta años, habiendo iniciado sus servicios como enfermero. Posteriormente, estudiando en escuelas de otras Colonias espirituales, se convirtió en médico cirujano. Es muy respetado por su dedicación a su trabajo y su enorme deseo de ayudar a sus semejantes. Participa activamente en el Centro de Desarrollo Alimentario de Nuevo Amanecer.

Detrás de las salas del Centro Quirúrgico hay un compartimento donde se guarda todo el equipo necesario para las cirugías, como medicamentos, instrumentos y dispositivos. Se trata de una sala aislada, con entrada prohibida a personas no autorizadas, debido a la necesidad que su nivel vibratorio se mantenga inalterado, incluso a una temperatura especial. A ambos lados de este emplazamiento existen salas en las mismas condiciones vibratorias, destinadas al almacenamiento de aparatos de mayor tamaño.

Antes del ascensor, a la izquierda, se puede ver una enorme sala que canaliza las fuerzas que mantienen en funcionamiento todo el hospital espiritual. Es el Centro de Energía. Siguen las vibraciones provenientes de todo el espacio que rodea la ciudad espiritual. Se asemeja a una "sala de máquinas" que también funciona como filtro de las malas influencias emitidas contra la institución. Es una pequeña copia de la Unidad de Control de Energía. En esta sala predomina la tonalidad azul en formas energéticas.

En el lado derecho se pueden ver pequeñas salas donde se colocan los espíritus en la etapa preparatoria para las cirugías, muchas veces para varios días de orientación, preparación y medicación.

Flanqueando dos salas del Centro Quirúrgico se encuentran salas destinadas al descanso post—operatorio. Son verdaderos centros de recuperación, con camas y todo el equipamiento descrito en la Unidad de Recepción del hospital.

Frente a estas mismas instalaciones se encuentran pequeñas habitaciones donde se ubican los trabajadores que permanecen todo el tiempo en la Casa de Reposo. Cada compartimento es para un trabajador.

Frente a estas salas se encuentra el despacho de Scheilla, donde, con gran dedicación, dedica parte de su tiempo a organizar la administración del conglomerado hospitalario. Scheilla es la personificación del amor; la fuerza de este sentimiento permanece ligada a este entorno, incluso en su ausencia. Es el lugar donde se pueden dirigir las vibraciones durante los momentos de oración, ya que Scheilla siempre necesita todo el apoyo posible, venga de donde venga.

Al lado de la oficina, Scheilla tiene su habitación. Al lado se encuentra el archivo central informatizado que contiene información de todas las personas que pasan por la Residencia de Ancianos, ya sea para servir a la Colonia o para trasladarse a otros lugares de trabajo. Uno podría sorprenderse si se enterara que alguien ya había estado gravemente enfermo en el hospital de Nuevo Amanecer. Todavía se puede ver una mesa de reuniones donde se reúne el Consejo de Residencias de Ancianos.

Aun en este piso, a la derecha del Centro Quirúrgico, se encuentra la Sala de Recuperación Mental, lugar destinado al tratamiento psiquiátrico y psicológico de los espíritus, tranquilizándolos en su confusión psíquica, donde se realizan regresiones mentales, incluyendo problemas de vida corporal específica del paciente, enseñando lecciones de vida, historia y enseñanzas vinculadas al Evangelio de Jesús. La Casa de Reposo también cuenta con el Centro de Estudios Médicos (C.E.M.), ubicado junto a la Sala de Descanso y Recuperación Mental, lugar que habilita y prepara proyectos para el mejoramiento tecnológico de la corteza, en lo que se refiere al campo de la Medicina. En este lugar, los médicos espirituales construyen métodos para transmitir inspiraciones o intuiciones a las personas encarnadas, con el objetivo de transmitir importantes descubrimientos científicos para ser implementados en el plano material.

Todos los pisos intermedios cuentan con ambulatorios en su zona central donde médicos y enfermeras atienden a sus pacientes:

salas colectivas, donde se aloja a los pacientes hasta completar el tratamiento necesario, incluso después de la cirugía. Delante y detrás están las viviendas de los trabajadores.

¿Cuántos seres humanos, antes de la presente encarnación, no han pasado por procesos similares a los descritos en este capítulo, en el campo del cuidado y la curación?

Comprender la existencia y el funcionamiento de la Casa de Reposo, la mayor obra de amor de Nuevo Amanecer, que sirve cada día a los espíritus de la Colonia y de más allá — incluidos los encarnados durante el desprendimiento proporcionado por el sueño físico —, puede llevar a una reflexión sobre varios temas desarrollados por la Doctrina Espírita, como la reencarnación, la obsesión y la evolución de los seres.

Lo que es necesario es la mejora del espíritu. Para ello es necesario recorrer, en un largo viaje, innumerables existencias corporales. Su objetivo en estas vidas sucesivas es, bajo la égida de la Justicia Divina, atravesar procesos de aprendizaje, oportunidades de superación y purificación.

Cada existencia física representa un nuevo subsidio para su progreso. Cuando estén completamente purificados, habiendo realizado las pertinentes adquisiciones morales e intelectuales, ya no necesitarán reencarnar, haciéndolo solo como misionero, como lo hizo Cristo.

Muchos de los encarnados, antes de este viaje terrenal, fueron guiados y sanados en lugares como este, asumiendo posteriormente compromisos laborales y promesas de dedicación en la prestación de servicios en la Siembra de Jesús.

¿Cuántos otros, en el actual peregrinaje físico, olvidan el lado espiritual de la vida, regodeándose en los llamamientos del materialismo engañoso, enredándose en las redes de la obsesión y retrasando el proceso de su evolución?

Es muy importante estar alerta para prevenir los procesos obsesivos, recordando que cualquier incumplimiento de la conducta moral puede ser punto de partida para el acoso de

Espíritus inferiores, a veces muy inteligentes, interesados en desviar al ser humano del camino recto, de los compromisos asumidos y de sus compromisos. tareas a realizar.

Por su relevancia para el tema y para la reflexión, se transcribe el siguiente poema – Compuesto en 1963, por inspiración y publicado en la época en una edición del periódico "Unificación":

¡DESPIERTO!

Cuando desperdicias el tiempo en cosas vanas, empleando hermanas del alma, rechazando
¡la invitación a la pureza! Las energías que ahora aplicas inútilmente, obstinadamente, indiferentemente,
¡contra las leyes de la naturaleza!
Quizás hayas olvidado tu compromiso sagrado cuando te conectes en este asunto del Mundo...
haré un breve resumen de los hechos del tiempo pasado; contigo los recordaré en una fracción de segundo:
Si ya fueras un supuesto cristiano en tu existencia pasada, ¡no seguirías las enseñanzas, en esencia, de Jesús! Siempre dejándolas a un lado, viles acciones que compartiste,
¡y casi nunca imitaste a Aquel a quien debías!...
En lugar de la luz de la verdad, preferiste otro reinado, viviendo siempre engañado por Mammón y sus placeres, viendo solo "felicidad" en la mentira pasajera, dedicando toda su vida
¡a la ilusión, sin temer a Dios!...
Pero la muerte es natural y el cuerpo físico
nunca exime a nadie de la transición necesaria:
arranca el alma inmortal,
¡Devuelve el espíritu al espacio!
¡Y te viste en su regazo, sin luces, inmóvil!...
Muchos lustros de este plano, en un verdadero "infierno", vivió tu Ser interno
en las paradas lamentantes, hasta que, en un esfuerzo demencial, los amigos siderales consiguieron,
en los Umbrales, transformar tu pensamiento...!

Con lágrimas de emoción, al llamar desde el Nazareno, en tan sereno momento de contagiosa vibración. (...) Scheilla, en cuyo hospital se desarrolla una obra de amor purísimo, suele contar, como en la poesía, el camino a seguir. Su trabajo es de inmensa fuerza espiritual en beneficio de los necesitados, a menudo profundamente rebeldes y muy endurecidos.

En las reuniones mediúmnicas, a menudo se podía observar el despliegue de médiums que seguían a Scheilla a las regiones sombrías en busca de espíritus sufrientes. ¡Y éstos, al tener ampliadas sus percepciones visuales, la reconocieron y prorrumpieron en lágrimas convulsivas!

¿Quién es realmente Scheilla? ¿Quién es este ser lleno de bondad que parece acompañar durante milenios a un nutrido grupo de espíritus sumamente imperfectos y endeudados, buscando ayudarlos en su evolución?

Un día, en un mensaje psicografiado, Cairbar Schutel expresó esto de ella:

"Scheilla es, para mí, un verdadero ejemplo de fe, perseverancia, humildad y, sobre todo, mucho amor. Ojalá todos pudiéramos tener una pequeña porción de sus infinitas ganas de amar...!"

Scheilla experimenta el amor en su plenitud, haciendo de la curación su verdadero rostro. Ama y trabaja día tras día por los demás.

¡La recomendación de Jesús no fue otra cuando estuvo entre nosotros!

¡Otra no es más que la recomendación de los espíritus que guiaron a Allan Kardec en la obra de Codificación!

Que su ejemplo de amor puro anime a los encarnados al ejercicio permanente de la fe razonada, de la perseverancia eficaz, de la humildad sincera y, sobre todo, de la verdadera caridad, para armonizar cada vez más con el programa de obra de Cristo.

"Las misiones de los Espíritus tienen siempre por objeto el bien. Ya sea como espíritus o como hombres, tienen el encargo de ayudar al progreso de la Humanidad, de los pueblos o de los individuos, dentro de un círculo de ideas más o menos amplias, más o menos especiales, y velar por algunos llevan a cabo misiones más restringidas y, en cierto modo, personales o enteramente locales, como asistir a los enfermos, a los moribundos, a los afligidos, velar por aquellos para quienes han constituido guías y protectores, dirigir ellos, dándoles consejos o inspirándoles buenos pensamientos. Se puede decir que hay tantos tipos de misiones como tipos de intereses a proteger, tanto en el mundo físico como en el mundo moral. El espíritu avanza según el camino. en el que realiza su tarea."[19]

"El paso de los espíritus por la vida corporal es necesario para que puedan cumplir, mediante la acción material, los designios cuya ejecución Dios les encomienda."[20]

"En todos los casos de obsesión, la oración es el medio más poderoso disponible para disuadir al obsesor de sus malas intenciones."[21]

Abel Glaser

---

[19] *El Libro de los Espíritus*, Allan Kardec, número 569.
[20] *El Evangelio según el Espiritismo*, Allan Kardec, Cap. IV, núm 25.
[21] *La Génesis*, Allan Kardec, Cap. XIV, núm. 46.

II El Edificio Central

El Edificio Central de Nuevo Amanecer es el lugar de reunión de los líderes de la Colonia. Se trata de una construcción de cristal de la que emana una fuerte luz dorada. Sus muros están formados por enormes placas cuadradas y rectangulares de diversos tamaños. Entre estos bloques de cristal existen estructuras que van de un extremo a otro, llamadas "metales de soporte." La puerta central es alta y de grandes dimensiones, a la que se accede a través de una amplia escalera con pasamanos laterales también trabajados en cristal. En lo alto del edificio hay una gran cúpula transparente rodeada por cuatro torres de emisión y recepción de energía, una en cada extremo del techo. Esta cúpula está hecha de un material reflectante que repele las emanaciones nocivas provenientes del exterior de la ciudad espiritual. En su parte superior hay una antena que emite una fuerte luz verde. La transparencia de la cúpula permite ver en su interior la luz amarilla, cuya función es acumular y distribuir energía y vibraciones. Las torres están rematadas con estrellas doradas; en sus bases hay puertas por las que pasan los espíritus encargados de mantener su equipo específico.

En el Edificio Central se encuentra la Oficina de Coordinación General, la cual está integrada por la Oficina de Cairbar, Archivo General, Unidad de Control de Energía, Sala de Comunicaciones, Sala de Audiencias, Sala de Consultas, Sala de la Unidad de Aclaración Avanzada y Departamento de Reencarnación.

En la Oficina se toman todas las medidas relativas al desarrollo, administración, evaluación y valoración de solicitudes, autorizaciones, decisiones generales y establecimiento de contacto con la espiritualidad superior, a través de la Unidad de Elevación

Divina. También en este edificio se encuentran la biblioteca, la sala de reuniones de Coordinación y las dependencias de Cairbar. En su biblioteca, el Coordinador General conserva libros de numerosos lugares del mundo, que contienen la historia de todas las civilizaciones que habitaron la Tierra, así como volúmenes sobre normas y orientaciones espirituales, ofrecidos por entidades que visitan periódicamente Nuevo Amanecer.

En las ciudades espirituales que rodean la Tierra, es costumbre que los líderes visiten centros similares de desarrollo espiritual, lo que resulta en intensos intercambios. En estos contactos se intercambian informaciones, recuerdos y colecciones de normas provenientes de la espiritualidad superior. Existe una costumbre tradicional en la ciudad de Cairbar que se reduce a que el líder escribe en un libro pasajes de la historia de su gestión al frente de la institución espiritual, a modo de subsidio para los líderes que vengan en el futuro y, también, para otras Colonias. Cairbar no fue el primero ni será el último Coordinador General de Nuevo Amanecer.

Además, en sus visitas recíprocas se intercambian regalos siempre encaminados a mejorar su trabajo — nada relacionado con la futilidad o la voluptuosidad. La orientación en la Espiritualidad apunta a la utilidad y practicidad de posibles intercambios de recuerdos.

En la biblioteca existe un archivo informatizado, que contiene la identificación de todos los trabajadores vinculados a la Casa, encarnados y desencarnados. Es la memoria de la Colonia. Cairbar y sus asesores, entre ellos Amâncio y Flávio, siempre trabajan allí, recopilando información para tomar decisiones importantes o investigando datos para orientar o seguir instrucciones.

Al lado de la biblioteca se encuentra la sala de reuniones de Coordinación donde se reúne mensualmente el Consejo.

En el Archivo General se conservan los registros y la historia de todos los trabajadores de la Colonia, actuales y pasados, sabiendo, consultando este archivo, cómo proceder ante cualquier problema relacionado con cualquier habitante de Nuevo Amanecer. Este núcleo está restringido a los Coordinadores de los diversos sectores en que se subdivide la ciudad espiritual.

También se encuentran las historias clínicas, en copias, de todos los internos de la Residencia de Ancianos, con el tratamiento prescrito, evolución y demás datos de los pacientes. También se hace un breve relato del paso de estos espíritus a través de la corteza, con el fin de brindar información al investigador para posibles medidas a tomar.

En estas fichas informáticas, Scheilla hace un llamamiento, cuando sea necesario, a la visita de los espíritus hospitalizados. Por ello, los ciudadanos de Nuevo Amanecer intentan, siempre que pueden, en sus momentos libres, acudir al Archivo General para consultar estos archivos. Al encontrar la "AV" — llamada de visita —, acuden a la Residencia de Ancianos dispuestos a ayudar en la evolución de un paciente, muchas veces recién llegado y completamente solo, y así poder trabajar para él. Hay acceso gratuito a este núcleo de tokens para todos los habitantes de la Colonia referentes a "AV." En la Unidad de Control de Energía, donde está ubicada la computadora central de la Colonia, existe una estricta supervisión de las formas de energía utilizadas en Nuevo Amanecer. Se cuida la energía magnética protectora, la energía de la Casa de Reposo e incluso la energía canalizada para la alimentación. Existe la necesidad de contar con dicho sector dada la importancia del tema involucrado, con inspección directa por parte del Coordinador General.

Todas las ubicaciones de la Colonia están controladas por computadora, ya sean residenciales o administrativas.

La Sala de Comunicaciones es el lugar donde se coordinan todas las telecomunicaciones de la ciudad espiritual, facilitando el trabajo de todos. Es un sistema avanzado, similar a lo que se llama, en el plano físico, telefonía.

La Sala de Reuniones, más propiamente llamada Sala de Audiencias, es el lugar donde Cairbar recibe, uno a uno, a todos los habitantes de la Colonia que desean hablar con él.

La Sala de Asesoramiento es el lugar donde se encuentran los asesores directos de Cairbar, que le ayudan las 24 horas en todas sus actividades.

En este núcleo existe una sala específica, una extensión de la Unidad de Iluminación Avanzada, donde se envían las entidades dispuestas a regresar a la vida material. La reencarnación, por su importancia, está directamente subordinada a la Oficina de Cairbar Schutel y es llevada a cabo por uno de sus asesores directos.

Dentro de esta sala, sencilla pero muy pacífica, totalmente concentrada en los fluidos superiores, el espíritu recibe las instrucciones finales, se prepara y asimila el conocimiento de lo que enfrentará. De allí es enviado al Departamento de Reencarnación, donde un equipo especial lo lleva con su futura madre y, semanas antes de la concepción, comienza el ajuste fluidico entre el espíritu y su futura madre.

"¿Hay algo más que los espíritus puedan hacer aparte de mejorarse personalmente?

— Contribuir a la armonía del Universo, ejecutando la voluntad de Dios, de quien son ministros."[22]

"De la existencia de diferentes órdenes de espíritus, ¿resulta para ellos una jerarquía de poderes? ¿Hay subordinación y autoridad entre ellos?

— Muy grande. Los espíritus tienen unos sobre otros la autoridad correspondiente al grado de superioridad que han alcanzado, autoridad que ejercen mediante un ascendente moral irresistible."[23]

Abel Glaser

---

[22] El Libro de los Espíritus, Allan Kardec, número 558.
[23] ibid, n. 274.

III Núcleos de Desarrollo

Se mencionó en un capítulo anterior que los Centros de Desarrollo Espiritual de la Colonia representan una de las divisiones estructurales de Nuevo Amanecer.

Estos Centros se concentran todos en un único gran complejo, al lado del Edificio Central, al final de un camino de baldosas de cristal transparente de colores, en el centro de una superficie de baldosas de un material blanco poroso que emite una fuerte luz. Forman una construcción con apariencia de estrella de cuatro puntas, que consta del edificio central, rodeado por otros cuatro edificios que son las puntas de la estrella, todos en un solo conjunto reflejando la unión de los anexos y todos trabajando juntos para el bien de la administración.

Parece un edificio de oficinas, más ancho que el Edificio Central, y sus paredes están hechas con placas de un material similar al cristal, pero opaco. En las uniones de sus pisos, así como en sus ventanas, aparecen pequeños hilos de luz de diferentes colores como azul, verde, amarillo y violeta, según el trabajo realizado en los compartimentos. La forma de estrella no solo es de una belleza indescriptible, sino que también ayuda a mantener en su lugar el nivel vibratorio esencial de la unión de todos los Núcleos, permitiendo así el importante trabajo que allí se lleva a cabo. Cada punta de la estrella contiene una puerta de cristal, dando la impresión, a cualquiera que la mire de frente, que son edificios independientes.

Estructuralmente se dividen de la siguiente manera:

Centro de Desarrollo Administrativo: se ocupa de hechos vinculados al mejoramiento de la administración de la Colonia. Hay trabajadores siempre dispuestos a llevar a Cairbar Schutel innumerables proyectos para mejorar la estructura de la ciudad Espiritual y facilitar el acceso de sus habitantes a cualquier tipo de trabajo, actividad o incluso ocio.

Centro de Desarrollo Energético: este sector se encarga del mejoramiento constante de las formas energéticas que sustentan la Colonia, de acuerdo con las instrucciones y orientaciones provenientes de los mensajeros superiores, pasando por la Unidad de Control Energético de la Coordinación General, donde se controla la defensa y recepción de las energías capturadas de las estrellas en las torres. Allí Lafaiete trabaja activamente.

Centro de Desarrollo de la Medicina Espiritual: área asignada a los médicos de la Espiritualidad, en constante trabajo para mejorar los tratamientos y cirugías, buscando siempre el bien de los habitantes de la Colonia e incluso de los encarnados vinculados a ella. Su trabajo está vinculado al hospital. Aquí trabajan el coordinador Samir y también Basha.

Centro de Desarrollo Casa del Niño: sector que cuida con esmero el bienestar de los niños y todas las necesidades que los involucran. Aquí trabaja Pedro, quien, junto a Mirtes, Venâncio y Righetto, integran el equipo de diseño que creó las ilustraciones mediúmnicas de esta obra.

Centro de Desarrollo Doctrina: cuida el área dedicada a la educación de las entidades que pasan por la Colonia, buscando brindarles siempre un proceso mejorado de mucho amor en el área de la enseñanza de la doctrina de Jesús y en el campo de la evangelización de los Espíritus necesitados. Se llama la "Escuela de Jesús."

Centro de Desarrollo Alimentario: este sector está vinculado al Centro de Desarrollo Energético, en trabajo conjunto. Garantiza que la alimentación de la Colonia sea siempre suficiente para cubrir las necesidades de cada ser que allí habita, desarrollando un trabajo de división de alimentos en todas las áreas donde se concentran los Espíritus, desde el hospital hasta la Casa del Niño, con un programa de alimentación propio para cada sector. La distribución de alimentos sigue un programa que considera datos relacionados con el flujo de servicio y las necesidades alimentarias de todos los sectores. La mayor parte de los alimentos proviene de frutos cosechados en el Bosque de Alimentos, los cuales son procesados en unidades especiales de este Centro de Desarrollo, fluidificados y enviados para su distribución.

Centro de Desarrollo del Ocio: se ocupa de programas que atienden los momentos de descanso de los habitantes de Nuevo Amanecer. Cabe señalar que el ocio en la Espiritualidad difiere mucho del ocio material. En esta Colonia el ocio está ligado a la oración, la lectura, las conferencias y los encuentros programados con amigos para el entrelazamiento espiritual. Este Centro prepara monitores para guiar a otros espíritus en la adopción de programas de ocio, aprovechando los momentos de menor trabajo para mejorar el espíritu en hábitos saludables como, por ejemplo, escuchar música espiritual. También se ocupa de la programación y administración del Rincón de la Paz, un área de la Colonia especialmente enfocada a la vibración, la oración y el entrelazamiento espiritual, sobre la cual otras descripciones y consideraciones se esbozarán más adelante.

Centro de Desarrollo de Servicios Generales: cubre residualmente todos los proyectos de mejora en sectores no vinculados directamente con otros Centros, incluido el transporte utilizado en la Colonia — a través de trenes magnéticos —, y el sistema de comunicaciones.

Conviene consignar aquí más detalles sobre el transporte, en particular tres aspectos:

1. para viajar largas distancias fuera de la Colonia, como cruzar regiones umbralinas hasta los puestos de socorro, el transporte se realiza en un tren metálico completamente cerrado, con una sola puerta lateral. Su cabina cuenta con instrumentación para el control en un panel con pantalla de cristal donde se registran datos de ruta y velocidad, entre otros. A la izquierda hay dos ordenadores, dos teclados y dos pantallas más y a la derecha un panel con una serie de botones y controles. En el interior hay un pasillo central

flanqueado por amplios bancos laterales. Internamente hay una vibración de tonos variables, siendo la iluminación producida a través de luces de diferentes colores que provienen del techo y varían según la vibración del lugar por donde pasa el vehículo. Externamente, está equipado con faros especiales cuya luz penetra la densidad de las sombras oscuras, lo que permite que el tren se mueva con gran velocidad y seguridad. El tren circula flotando en canales sobre un colchón electromagnético, sin fricción y sin ruido, mediante repulsión magnética, con una rejilla en su frente que emite flujos magnéticos para ahuyentar a cualquier entidad que intente bloquear su paso. A pesar de todo el equipamiento técnico que tiene, el tren no requiere de ningún recurso inteligente para su conducción, siendo dirigido por un espíritu especialmente capacitado para esta tarea, a pesar que la ruta está programada mediante un ordenador. Al atravesar regiones tórridas umbrales, el vehículo mantiene siempre una temperatura fría en su interior, formando una atmósfera adecuada para la no interferencia de las influencias existentes en los lugares por los que pasa. Para el transporte de enfermos, el tren ofrece interiormente otra versión, compuesta por la cabina del piloto y dos habitaciones en la parte trasera: la anterior, con bancos para trabajadores; y el último, con cinco compartimentos de seis camas cada uno, permitiendo transportar en un carro treinta espíritus enfermos por viaje.
2. en Nuevo Amanecer, un tren construido en cristal transparente, dotado de un gran banco central con pasillos laterales, circula para recorrer largas distancias.
3. para recorrer distancias cortas dentro de la Colonia y debido al buen estándar de vibración ambiental, el transporte se realiza en un pequeño vehículo abierto que tiene cuatro asientos, alcanzando mucha velocidad y desplazándose a través de fluctuación magnética.

En la unidad de Servicios Generales hay un panel que controla el tráfico en Colonia y otro que trae la división de transporte de Nuevo Amanecer, controlando las salidas y llegadas de todos los vehículos que transitan allí.

Cuatro líneas de tráfico de ciudad espiritual se cruzan debajo del Edificio Central y cubren las direcciones norte—sur, este—oeste, noreste—suroeste y noroeste—sureste. El puesto de control de estas líneas se encuentra bajo el Edificio Central. Sin embargo, todas las estaciones de usuario están ubicadas en la superficie.

También existe una línea circular cuyos trenes discurren a lo largo del muro protector de la Colonia, conectando los "Sistemas de Vivienda."

Las comunicaciones, en Nuevo Amanecer, se realizan a través de dispositivos que constan de cajas rectangulares, con una pantalla en el lado izquierdo y un altavoz en la otra mitad que recibe y transmite la voz; una serie de botones le permiten marcar el número deseado. Se instalan en cabinas en forma de cono, con el objetivo de amortiguar el sonido y proteger la imagen proyectada en la pantalla mientras se produce la comunicación. Esta cabina está fabricada con un elaborado cristal para proteger su aislamiento acústico y magnético. El cristal favorece la recepción de las ondas enviadas al dispositivo, que va fijado a la propia estructura de la cabina. Los electrodomésticos públicos son verticales y los residenciales son horizontales. En Nuevo Amanecer existe un sistema único de comunicaciones, cuyas llamadas son gratuitas.

Sin embargo, nadie utiliza los dispositivos por motivos inútiles o para conversaciones innecesarias; todo el mundo hace uso de las comunicaciones para enviar mensajes positivos y útiles. El espíritu primero marca un código para activar el dispositivo y luego el número deseado para las comunicaciones internas. Las comunicaciones con los Puestos de Socorro y otras Colonias espirituales se originan únicamente desde el Edificio Central, a través de dos dispositivos diferentes. El habitante de Nuevo Amanecer puede tener un "ACT" (Dispositivo de Comunicación Telemagnética) privado, dependiendo del crédito que tenga lograr recolectar. Los dispositivos públicos, como hemos visto, son de uso general y son independientes de este crédito.

Vinculado a los Centros de Desarrollo se encuentra el Centro de Reciclaje Tecnológico. Allí se desarrollan proyectos, basados en directrices de la Unidad de Elevación Divina y transmitidos por Cairbar Schutel, con el objetivo de mejorar tecnológicamente la Colonia. Además de la mejora técnica de Nuevo Amanecer, el Centro desarrolla proyectos para ser transmitidos por inspiraciones o intuiciones a los encarnados, con el objetivo de desarrollo tecnológico en la corteza terrestre.

"En este vasto y armonioso grupo hay ocupaciones para todas las capacidades, aptitudes y esfuerzos; ocupaciones aceptadas con alegría, solicitadas con ardor, porque son un medio de avance para los Espíritus que aspiran al progreso."[24]

Abel Glaser

---

[24] *El Cielo y el Infierno*, Allan Kardec, Primera parte, Capítulo III, número 13.

IV Coordinadores Especializados

Otro lugar donde se dividen tareas en Nuevo Amanecer son los Coordinadores Especializados, los cuales están fundamentalmente vinculados a la esencia del trabajo realizado por la Colonia, siendo el proceso evolutivo de los seres su punto culminante.

Los Coordinadores Especializados están ubicados entre el Bosque de la Naturaleza Divina y los Centros de Desarrollo Espiritual. Cada edificio tiene forma cilíndrica y paredes rectas de bloques de cristal, rematadas por una hermosa cúpula de cristal; Tiene una gran puerta de entrada desde la que parte un camino que se bifurca, flanqueado por una inmensa variedad de flores. Los edificios, dispuestos en círculo, forman los caminos. Menciono el diseño de dos estrellas de cuatro puntas superpuestas. Es un lugar de gran belleza arquitectónica. Los Coordinadores son:

Coordinación de Recepción: mejora la atención de las entidades receptoras y remitentes ya pacificadas desde los Puestos de Socorro hasta la Coordinación de Triaje. Es en este sector donde trabajan los trabajadores más desinteresados, pues son los que tienen estrecho contacto con los espíritus que allí llegan, tratando de preparar su espíritu y su corazón para el futuro trabajo que afrontarán. Consuelan a muchos enfermos que, a pesar de ser pacíficos, todavía traen recuerdos dolorosos de un pasado doloroso en la corteza. Es una tarea de verdadero sacrificio y redime grandemente a quienes la realizan, siendo Jeremías su coordinador.

Coordinación de Selección: recibe a los espíritus remitidos con sus registros por la Coordinación de Recepción y procede, con gran cuidado, a examinar las vidas pasadas de los recién llegados, con informaciones transmitidas por el Archivo de Coordinación

General y autorizadas por la Oficina de Cairbar. Luego prepara el plan de desarrollo de estos espíritus en la Colonia. Luego los orienta hacia sus nuevos hogares, lugares de trabajo o de enseñanza y evangelización. Quienes salen llevan consigo un formulario sellado de su estado general, el cual será utilizado por el coordinador del programa. Paulo es el responsable.

Coordinación del Programa: delinea minuciosamente el plan total de la entidad para su estadía en la Colonia. Allí se ubican las unidades didácticas, vinculadas al Centro de Desarrollo Doctrinario, que se encargan de la guía del espíritu que acaba de poner a su disposición la Coordinación de Triaje. El proceso de paso de una Coordinación a otra es gradual y toma el tiempo necesario para que cada una realice plenamente su trabajo, sin que se fije un plazo previo.

Seguimiento de la Coordinación: vinculado a los trabajadores designados para brindar orientación continua a todos los coordinadores en todo lo necesario para el desarrollo de su trabajo. Se conecta con los Servicios de Asesoría de Cairbar en el Edificio Central.

Coordinación de Protección: tiene como objetivo proteger la ciudad espiritual de posibles ataques desde las regiones umbralinas y proporciona la ruta para orientar a sus habitantes respecto al lugar donde viven. También está vinculado a los sectores que se ocupan de la desobsesión e higiene de zonas y establecimientos vinculados a Nuevo Amanecer en la corteza terrestre. Los espíritus que dirigen esta Coordinación están en contacto ininterrumpido con los equipos indios diseminados permanentemente por las regiones umbralinas y la corteza. Los indios, espíritus que se presentan en esta forma, coordinados por los jefes, son moralmente elevados, muchas veces dotados de sabiduría y grandeza espiritual y es en esta condición que realizan su trabajo en el campo de Cristo. Caminan en grandes grupos. Sus actividades nunca se interrumpen. Renuncian a la comodidad de la Colonia para realizar un trabajo incesante en beneficio de los demás. Son los trabajadores más dedicados y por eso descansan poco. Viven en el bosque al lado de la Ciudad Espiritual, por donde pasan los senderos que conducen a los Puestos de Socorro. Reciben mucha fuerza del Plano Mayor, a través de la naturaleza que los rodea, y siempre tienen una gran cantidad de amor para dar a los seres de ambos planos de vida. El espíritu, en forma de indio, es un trabajador resignado y combativo, siempre consciente de sus misiones y con el firme deseo de servir a Jesús. Se presenta de manera ingenua y sencilla en sus orientaciones, con sabiduría propia. Debido a este carácter sencillo y sin ostentación, lleva una vida rústica, centrada en la naturaleza. Sus sentimientos son exaltados, intensos y su vida se basa especialmente en el sacrificio, la lucha ardiente y la dedicación. Nunca hace mal uso de la autoridad que le ha sido conferida. Es respetado no solo por su apariencia, generalmente vigorosa, sino principalmente por su actitud humilde, de pocas palabras y mucha acción. Los espíritus indios siempre deben ser estimulados en el desarrollo de sus tareas, ya que son nobles, llenos de dedicación, atención y amor.

Llegando a una etapa avanzada de su evolución, cuando se permite elegir el tipo de actividad a realizar, el espíritu, consciente de la dedicación que debe demostrar, para recuperar deudas pasadas, y con la orientación de la Coordinación de Triaje, puede recibir la forma de indio, con vestimenta propia, vestimenta típica y conocimientos técnicos indispensables para el desarrollo de su trabajo, todo ello autorizado por el Coordinador General quien, junto con los demás Coordinadores, evalúa su desarrollo. La elección de este trabajo y a forma adoptada no significa que el trabajador espiritual haya sido necesariamente indio en alguna de sus encarnaciones, los indios se valen de esta manera porque son una figura reconocida e infunden autoridad y respeto cuando se presentan ante personas encarnadas y desencarnadas, con quienes tienen convivencia diaria. Nos protegen a nosotros y a Nuevo Amanecer. Realizan trabajos de mentores, realizan trabajos de higiene, transportan a los enfermos y necesitados, brindándoles cuidados especiales, siempre bajo la guía del plano mayor.

Coordinación de Evaluación: se encarga del sector que realiza el análisis final del internado de los habitantes en las distintas unidades de la Colonia. Allí, los trabajadores elaboran informes con las historias de las entidades que habitan Nuevo Amanecer, enviándolos al Edificio Central para informar el registro general de Cairbar, ayudándolo en las decisiones y orientaciones.

"¿Tiene cada Espíritu responsabilidades especiales?

— Todos tenemos que vivir en todas partes y adquirir conocimiento de todas las cosas, presidiendo sucesivamente lo que acontece en todos los puntos del Universo."[25]

Abel Glaser

---

[25] *El Libro de los Espíritus*, Allan Kardec, número 560.

V Unidad de la Elevación Divina

Los buenos espíritus son aquellos que ya comprenden a Dios y al Universo. Su mayor deseo es hacer el bien, para lo cual tienen una fuerza inmensa, y el poder para hacerlo es mayor cuanto más evolucionados son. Algunos tienen ciencia, otros bondad y los más avanzados las combinan con cualidades morales. Aun conservan huellas de su existencia corpórea; sin embargo, no están sujetos a malas pasiones. También lo son Scheilla y Cairbar.

La Unidad de Elevación Divina es el sector de la Colonia que establece contacto con la espiritualidad superior, guía eterna de todos los servicios que se prestan en el campo de Cristo a favor de los demás. Lugar con acceso restringido a Cairbar Schutel y Scheilla, se caracteriza por tener mucha luz y es muy respetado en la ciudad espiritual. De ahí las instrucciones del Altísimo a la Colonia, así como las revelaciones que sus dirigentes tienen el mérito de conocer. Cuando Cairbar y Scheilla lo consideran oportuno o necesario, transmiten parte de esta información a los encarnados, con el objetivo principal de alertarlos y guiarlos. En ciertos momentos de los encuentros mediúmnicos se pueden lograr las altas conexiones espirituales que ambos tienen con la espiritualidad mayor.

Los encarnados reciben protección y asistencia de los espíritus que habitan las Colonias espirituales más cercanas a la corteza y estos mismos espíritus reciben guía y fuerza de planos mucho más elevados y así sucesivamente. Dios protege a todos.

Es Ley de Amor y de Unión, son lazos de fraternidad que entrelazan a todos, porque como sabemos, los encarnados y desencarnados forman una gran familia universal, hijos de Dios.

En este mecanismo divino, Jesús representa el guía de este planeta y de esta Humanidad, siendo el Gobernador Espiritual de la Tierra por delegación del Padre Mayor. También significa el modelo que todos deberían seguir. Las entidades conocidas como "ángeles", "arcángeles" o "serafines" son espíritus puros que ya no sufren ninguna influencia de la materia pues ya han recorrido todos los escalones de la escala evolutiva. Tienen superioridad moral e intelectual en relación con los seres menos evolucionados, ya no estando sujetos a la reencarnación, sometiéndose a ellas solo para cumplir altas misiones. Han alcanzado la felicidad y cumplen las órdenes del Creador de quien son ministros para el mantenimiento de la armonía universal. Este es Jesús.

"Al no tener ya nada que adquirir, ¿los espíritus de orden superior se encuentran en absoluto reposo, o tienen también ocupaciones?

— ¿Qué te gustaría que hicieran en la eternidad? La ociosidad eterna sería un tormento eterno.

"¿Cuáles son sus ocupaciones?

— Recibir directamente las órdenes de Dios, transmitirlas a todo el Universo y velar por su cumplimiento."[26]

Abel Glaser

---

[26] *El Libro de los Espíritus*, Allan Kardec, número 562.

VI La Casa del Niño

La Casa del Niño en Nuevo Amanecer está construida en forma de "U." Es el edificio más grande de la Colonia en términos de superficie construida. Está destinado al dormitorio, alojamiento y ocio de los niños espirituales. Tiene cinco plantas, de las que emana un brillo intenso, ya que está realizada íntegramente en cristal impregnado de marcos metálicos. Hay tres entradas dispuestas una al lado de la otra. En la zona central se encuentran los accesos a las plantas superiores. Las puertas laterales permiten la entrada y salida de los niños.

En el exterior, centrada en el jardín, se encuentra la fuente que arroja permanentemente agua en tonos plateados, aportando un toque de suavidad al paisaje, acercando la naturaleza a los ojos de niños y trabajadores espirituales .Los caminos que conectan este edificio con los demás están pavimentados con azulejos de colores. El verde está por todas partes, formando hermosas alfombras de vegetación rodeadas de flores de todas las especies, colores y tamaños.

Entrando al edificio, justo en la entrada, encontramos una pequeña sala por la que deben pasar todos. Es una cámara de concentración de energía que purifica e higieniza a visitantes y trabajadores antes que entren en contacto con los niños. Esta sala se abre al gran vestíbulo de recepción, con grandes escaleras y ascensores que dan acceso a los demás pisos. En la planta baja también se encuentra la sala de administración. Subiendo a una entreplanta, situada entre la planta baja y el primer piso, encontramos una pequeña recepción donde está de guardia una enfermera. Desde esta sala parten dos pasillos que conducen a las habitaciones de bebés, de los más diversos lugares, que vieron interrumpidos sus procesos de reencarnación, muchos de ellos por vía abortiva. En estado de miniaturización, esperan la próxima oportunidad para reencarnar. Son niños a los que se les cuida especialmente para no recibir influencias de otras entidades a las que les deben mucho.

Cuanto más pequeña sea su forma de presentación, más atención reciben. Es un lugar extremadamente vigilado.

Normalmente, la entidad víctima de un aborto inducido retoma inmediatamente la forma que poseía anteriormente, y puede, si no es un espíritu iluminado, comenzar a atormentar, en un proceso obsesivo, a quien debería ser su madre. En este caso, los padres se convierten en deudores de la Justicia Divina. Cuando existe riesgo para la vida de la madre, el aborto se considera terapéutico. Sin embargo, conocemos un caso en el que la madre, a pesar de ser recomendada por el médico para abortar al niño, debido al gran riesgo que corría su vida, no accedió, asumiendo la responsabilidad basada en una fe singular. Madre e hija todavía viven hoy y son abuelas y madres de varios otros niños.

Por otro lado, hay espíritus que, ya en forma reducida, se vinculan a sus futuras madres para completar la etapa que aun les falta completar antes de una nueva encarnación normal. Cuando sufren un aborto, quedan miniaturizados y se mantienen en esa forma hasta que son enviados a una nueva encarnación.

La Casa del Niño alberga aproximadamente el uno por ciento de la población de Nuevo Amanecer. Son, se podría decir, espíritus especiales que son enviados allí. Algunos, como pueden ver, se conservan en miniaturización y cuidadosamente conservados en ese lugar. Muchos otros; sin embargo, tienen permiso de la Superioridad para permanecer en forma de niño, como cuando desencarnaron, para cumplir una misión especial. Su forma ingenua e infantil les permite trabajar específicamente en el plano espiritual de innumerables maneras. En ocasiones, algunos médiums del pasado lograban ver niños espirituales y los confundían con los "angelitos" ilustrados por algunas religiones. Hay espíritus que toman forma de niños para asimilar más fácilmente las lecciones. Prefieren presentarse pequeños, lo que está permitido en determinados casos.

Al llegar al primer piso se encuentra otra recepción, cuyas paredes no son transparentes. Es un lugar grande, con más trabajadores. En este piso hay niños inadaptados y enfermos. También hay dos pasillos, uno a cada extremo de la habitación. Las habitaciones de estos pasillos tienen ventanas en sus puertas; se puede observar que en cada uno de ellos hay varios niños manipulando equipos pedagógicos para el aprendizaje. Su objetivo es paliar las consecuencias de una muerte prematura, normalmente repentina. También hay una sala más grande donde muchos niños juegan e interactúan en clases conjuntas impartidas por enfermeras especializadas. En este lugar los pequeños descubren el sentimiento de comunidad, para en un futuro ser parte de las actividades de la Colonia.

El segundo piso es una repetición del entrepiso. En la recepción, una enfermera. El ambiente; sin embargo, es más acogedor, ya que la luz es más suave. Dispone de habitaciones típicas infantiles, todas ellas para niños, con dibujos pegados en las paredes, juguetes esparcidos por el suelo, literas en algunas habitaciones y camas bajas en otras.

En la tercera planta se encuentra la planta de chicas, con el mismo tipo de dormitorios que la planta anterior. Sin embargo, están más decoradas y ordenadas, con camas más bajas. El objetivo es reproducir en la Casa de los Niños el "hogar" que tienen en todas las Colonias de la Espiritualidad, y en corteza, los padres instintivamente decoran las habitaciones de sus hijos basándose en modelos espirituales. Se pueden observar almohadones, muñecos y muchas flores que las niñas recogen en el campo, en una zona de la Colonia donde se les muestra cómo se debe respetar y amar la naturaleza. Estas flores están impregnadas de fuertes fluidos positivos que les ayudan a dormir mejor y recargar fuerzas, pudiendo encontrar en sus habitaciones el mismo marco vibratorio que encontraron en el campo. En cuanto a los niños, tienen acuarios con agua corriente en sus habitaciones. En la planta superior se llega a un gran salón donde todos los niños realizan actividades juntos. Allí cantan, dibujan y juegan. También se encuentran, en este piso, aulas donde se plantan en el corazón de los niños las semillas de una serie de enseñanzas doctrinarias.

Detrás de este edificio, se encuentra la Posada Celeste, un lugar de apoyo a la Casa del Niño, donde los espíritus pueden cambiar su forma de presentación — (por ejemplo: indio a gladiador, adulto a niño, entre otros —, según las necesidades del trabajo que tenemos por delante. Consta de un bloque independiente, sin divisiones, del que emana el intenso brillo de innumerables puntos de luz de todos los colores, parpadeando intermitentemente. El acceso a esta unidad está restringido a directores de Coordinaciones y Centros, por lo que su acceso es subterráneo, sin puertas en superficie.

La Casa del Niño alberga actualmente a unos 2.550 niños espirituales, y los trabajadores para tratarlos y guiarlos son proporcionalmente pocos: veinticinco comandan los distintos pabellones que componen esta inmensa construcción. En cada equipo trabajan diez espíritus, lo que da como resultado un total de 250 trabajadores para cuidar de todos ellos.

Cabe preguntarse: ¿cómo es posible que un número tan pequeño de trabajadores cuide a tantos niños? Es la constatación que con amor el trabajo se multiplica. Un trabajador que desempeña sus tareas con amor, basándose en la comprensión y la armonía conjunta, rinde mucho más que varios individuos trabajando sin buena voluntad y en disonancia.

Las quejas sobre la falta de mano de obra para obras de caridad son constantes en la Tierra. Es el resultado del desamor entre los hombres.

El trabajo fraterno requiere desinterés, desinterés y un decidido deseo de servir, que se puede resumir en una sola frase: amor al prójimo. Llegará el día en que las personas dejarán florecer en sus corazones el amor, olvidando el individualismo — tan acentuado hoy en nuestra sociedad —, para recordar a sus semejantes, brindando trabajo fraterno con los recursos humanos que tanto demandan las organizaciones benéficas existentes para todos.

Los niños que habitan esta Casa pasan en ocasiones varios años esperando la oportunidad de regresar reencarnados a la Tierra, para redimir errores del pasado y vivir nuevas experiencias evolutivas. Hay que recordar que todo encarnado fue una vez niño y lo será nuevamente en otra oportunidad de reencarnación, pudiendo tener una idea exacta de la importancia de este trabajo espiritual. El niño es, por tanto, el sostén de la Humanidad. Educarlo con instrucción y amor es sublimar la causa del progreso evolutivo de los seres, establecida por las Leyes de Dios.

Detrás de las líneas se ve que en la Casa del Niño trabajan 250 trabajadores. Ahora se comprende la base de este trabajo que realizan en el proceso progresivo de sus propios espíritus, ya que la ley de la evolución es pertinente a todos los seres: algunos espíritus están ahí por absoluta necesidad de evolucionar, otros por deseo de contribuir a la evolución. A continuación se muestran dos ejemplos. Por un lado, el caso de un trabajador que necesita internarse allí para rescatar las atrocidades que cometió contra niños judíos en los campos de concentración nazis durante la Segunda Guerra Mundial, comandando masacres. Mientras espera su próxima oportunidad de reencarnar en la Tierra, trabaja en nombre de los niños espirituales, demostrando aplicación e interés en su sincero arrepentimiento. Por otra parte, entre los trabajadores que se esfuerzan especialmente por la evolución de sus hermanos, podemos mencionar a Cairbar Schutel, que se esfuerza, en su función, por cuidar de todos los que pasan por esta cámara, tratando de transmitir a ellos la base evangélica—cristiana no disponible para afrontar el siguiente paso en la escala evolutiva. Cabe mencionar también a Scheilla quien, con mucho amor, conduce a los niños espirituales a las reuniones de los encarnados en las ocasiones que considera oportunas.

"La pureza de corazón es inseparable de la sencillez y de la humildad. Excluye toda idea de egoísmo y de orgullo. Por eso Jesús toma la infancia como emblema de esta pureza, del mismo modo que la tomó como emblema de humildad."[27]

"Inspiración divina, la fe despierta todos los nobles instintos que dirigen al hombre hacia el bien. Es la base de la regeneración."[28]

Abel Glaser

---

[27] *El Evangelio según el Espiritismo,* **Allan Kardec,** Cap. VIII, número 3.
[28] Idem, Capítulo XIX, número 11.

VII La Plaza Central

La Plaza Central de Nuevo Amanecer está ubicada en el espacio entre el Edificio Central, Rincón de la Paz, Bosque de la Naturaleza Divina y Sector de Vivienda II.

En su centro hay un inmenso obelisco rematado por una estrella luminosa y rodeado por una fuente. Hay innumerables bancas y muchas flores alrededor. Es un hito de la Colonia. A lo largo de todas las instalaciones de Nuevo Amanecer hay muchas flores y verdor, considerando que los espíritus que allí habitan, al no estar apegados a la masa material, son muy vibrantes con la magnífica creación de Dios, pudiendo disfrutarla en todo momento, sin dañarla. Hay, en la ciudad espiritual, completa integración entre el espíritu y las bellezas que el Señor concibió. La naturaleza es vista como un factor de estabilidad de los flujos magnéticos y, por tanto, se encuentra en todas partes y no puede faltar en la Plaza Central. Se manifiesta en su plenitud en los colores chispeantes de las flores y en la luz muy fuerte y cristalina que ilumina ininterrumpidamente la plaza, donde inmensos ramos lucen un color similar al de las piedras preciosas, tal es el brillo que reflejan.

En la Espiritualidad, los colores tienen una intensidad y brillo únicos; el agua que brota de la fuente también refleja tonalidades plateadas, convirtiendo el lugar en un centro de luz muy fuerte, como si el sol nunca dejara de brillar allí. Su envoltura fluídica es especialmente purificada, serena y fresca.

La combinación entre el agua que brota de la fuente y la luz que emana desde lo alto del obelisco central transmite al lugar una inmensa paz que se irradia a toda la Colonia, en un procedimiento específico que quedará registrado más adelante.

La plaza es uno de los bellos rincones de Nuevo Amanecer, donde grupos de espíritus vienen a disfrutar de la belleza del lugar, reponiendo energías para el trabajo y aprendiendo sobre Espiritualidad. Otros espíritus, en una situación poco común entre los encarnados, trabajan con las plantas que los rodean, cuidando sus hojas, una a una, para llegar vibrantemente incluso a sus raíces, manejando un rayo de luz que manifiesta el cariño aplicado en esta actividad.

El verde césped que forma una gran alfombra en los sucesivos círculos que rodean el núcleo central está muy cuidados, y además siempre están llenos de gotitas de luz.

Hay vida intensa en cada rincón, fuerza en cada arbusto y belleza en cada flor, representando una pequeña fracción de la atmósfera que predomina en toda la Colonia espiritual.

"¿Son los Espíritus sensibles a las magnificencias de la Naturaleza?

— Las bellezas naturales de los mundos son tan diferentes que estamos lejos de conocerlas. Sí, los espíritus son sensibles a estas bellezas, según la capacidad que tienen para apreciarlas y comprenderlas."[29]

"Para el mundo espiritual existe una luz especial, cuya naturaleza desconocemos, pero que es, sin duda, una de las propiedades del fluido etéreo, adecuada a las percepciones visuales del alma. Allí es; por tanto, luz material y luz espiritual. La primera emana de focos circunscritos a cuerpos luminosos; la segunda tiene su foco en todas partes; por esta razón no hay obstáculo para la visión espiritual, que no se ve obstaculizada ni por la distancia ni por la luz. opacidad de la materia, no existiendo para ella oscuridad. El mundo espiritual está, por tanto, iluminado por la luz espiritual, que tiene sus propios efectos, así como el mundo material está iluminado por la luz del Sol."[30]

Abel Glaser

---

[29] *El Libro de los Espíritus*, Allan Kardec, número 252.
[30] *La Génesis*, Allan Kardec, Capítulo XIV, número 24.

VIII Las Torres de Defensa e Higienización

En el aspecto vibratorio, el obelisco ubicado sobre el eje de la Plaza Central es el punto más importante, donde se centraliza la estabilidad y protección magnética de la Colonia. La inmensa estrella dorada que la corona emite flujos permanentes, con el objetivo de higienizar completamente el campo fluidico de Nuevo Amanecer. Está estratégicamente instalado en el lugar de mayor intensidad energética de la ciudad espiritual, mediando el espacio entre el Rincón de la Paz y el Bosque de la Naturaleza Divina.

Este proceso de higienización comienza en la Unidad de Elevación Divina, cuya emisión de flujos magnéticos es captada en Rincón de la Paz, por una torre similar a una gran antena de radar llamada Unidad de Recepción de Energía Rincón de la Paz. Los flujos magnéticos que llegan a los receptores de la base de esta torre se canalizan hacia el interior y se transmiten mediante cañerías hasta su cúpula. En este proceso se produce la metabolización, tornándose vibrante, eléctrica, esta energía, cuya carga impulsora pasa luego a la región superficial de la Unidad, formada por espejos, siendo emitida vigorosamente en forma de fuerte luz blanca hacia la estrella dorada sobre el obelisco en el Plaza Central.

La gran estrella dorada en la Plaza Central, al recibir el influjo de energía blanca, gira vertiginosamente sobre su eje hacia la derecha, en el sentido de las agujas del reloj. Luego, girando a la izquierda, en sentido antihorario, retransmite esta energía a las torres más pequeñas, también protectoras, ahora de un color intensamente dorado.

Éste es el mecanismo que opera en la gran torre de la Plaza Central: se metaboliza la poderosa luz blanca, portadora de la unión de todos los colores y tonos, asimilada por la gran estrella dorada que gira hacia la derecha. Al girar hacia la izquierda, la estrella emite solo luz amarilla. Las otras luces, de otras tonalidades, descienden por el interior del obelisco, cayendo sobre una placa multicolor, similar a una reja, fabricada en material metálico similar al aluminio. En esta placa, colocada en la base del obelisco, los colores se esparcen simultánea y repentinamente, vibran en incesantes ciclos de derecha a izquierda con gran intensidad y son impulsados hacia las cañerías que rodean el interior de la Colonia, llegando a todas sus fuentes. De esta manera, cada chorro de agua plateada que sale de una fuente higieniza el ambiente circundante con la fuerza del agua magnetizada, recibiendo todo el aporte vibratorio de la Unidad de Control de Energía que controla todo el procedimiento.

También está la limpieza conjunta que promueve la interconexión entre la emisión de la estrella más grande y las estrellas de las nueve torres que rodean la Colonia, sustentadas en su muro protector. En lo que podemos llamar la "Sala de Máquinas" de estas torres más pequeñas, las ondas sanitizantes son metabolizadas y emitidas hacia los hogares de los residentes de los Sistemas Habitacionales.

El muro que protege Nuevo Amanecer tiene quince metros de altura, es macizo y emite una poderosa vibración magnética protectora. En su parte superior existe una amplia pasarela por donde también caminan los habitantes de la Colonia. Tiene almenas en los bordes, donde podrás asomarte y tener una vista panorámica de la ciudad espiritual.

Las torres de diez metros de altura, apoyadas en el muro, tienen forma cónica y presentan en su base un compartimento cuadrado, con una puerta que da acceso, con luz amarilla opaca en su interior. El equipo allí es operado por espíritus guardianes que velan por su funcionamiento.

Es permanente la sincronía entre la gran estrella del obelisco central y las de estas torres, así como con las cuatro estrellas internas ubicadas en las torres del Edificio Central y la instalada en el conjunto arquitectónico de las Coordinaciones, además de la tres existentes en las inmediaciones de la Casa del Niño y de la Casa de Reposo, entre otras.

El flujo magnético que conecta las distintas estrellas forma el hermoso diseño de una estrella de ocho puntas con diferentes tonalidades: las radiaciones que provienen del Edificio Central son verdes, las que forman el cuadrado son azules y las que cierran la estrella son blancas.

"Los elementos fluidicos del mundo espiritual escapan a nuestros instrumentos de análisis y a la percepción de nuestros sentidos, destinados a percibir la materia tangible y no la materia etérea. Los hay, pertenecientes a un entorno tan diferente al nuestro, que solo podemos hacernos una idea mediante comparaciones tan imperfectas como aquellas mediante las cuales un ciego de nacimiento intenta hacerse una idea de la teoría del color."[31]

"¿Todos los Espíritus tienen acceso recíproco a los diferentes grupos o sociedades que forman?

— Los buenos van a todas partes y así debe ser, para que puedan influir en los malos. Las regiones; sin embargo, que habitan los buenos están prohibidas a los espíritus imperfectos, para que no las perturben con sus pasiones inferiores."[32]

Abel Glaser

---

[31] *La Génesis*, Allan Kardec, Capítulo XIV, número 4.
[32] *El Libro de los Espíritus*, Allan Kardec, número 279.

IX El Bosque de la Naturaleza Divina

El verde se extiende por toda Nuevo Amanecer.

En el Bosque de la Naturaleza Divina; sin embargo, existe en su plenitud, con plantas de todas las especies e innumerables flores. Es un área con mucha influencia positiva, que no cuenta con el control estricto de la Coordinación General, pues el ocio es abierto y practicado de manera espontánea por los habitantes de la Colonia. En este lugar no hay trabajo, equipamiento ni unidades didácticas, solo la pura belleza de la naturaleza. Está dotado de bancas y lugares para conversar, reunirse con amigos y descansar. Los espíritus que residen en la ciudad espiritual aprenden que la naturaleza, en sí misma, es una forma de ocio.

Con numerosos árboles y variadas plantaciones, el Bosque presenta en un inmenso campo central un gran claro en cuyo centro hay una elevación cubierta de exuberante maleza, hermosa y relajante; Aquí es donde los vecinos de Nuevo Amanecer suelen disfrutar de las más placenteras sensaciones de bienestar. En su cima se encuentra un enorme lago de aguas fluidas y tranquilas. La elevación es progresiva y apenas se nota el desnivel entre su base y su cumbre, que es de diez metros.

Las aguas del lago caen a través de varias cascadas, formando cortinas transparentes que impregnan el lado verde de esta superficie. Se pueden observar innumerables vetas de agua plateada brillante y fuerte formando veinte canales dispuestos uno al lado del otro como una flor que florece y cae en pétalos, tomando la forma de un inmenso corazón, en una combinación armoniosa del agua con la vegetación.

En este lugar se encuentra la Morada del Sol, un pequeño templo, de cincuenta metros cuadrados, del que emana una luz dorada, destinada al desarrollo de la sintonía mental. Tiene forma redonda, con cúpula apuntada, rematada por una estrella, como otras construcciones de la Colonia, sin divisiones internas y construida con un material similar al cristal que la hace transparente.

En este escenario se nota la presencia de animales en la Espiritualidad: pájaros que cantan y vuelan de perfil acentúan la belleza del Bosque; los peces de colores brillantes proporcionan a las venas de agua una vista admirable. Los animales, en su forma espiritual, son hermosos y pacíficos, conviviendo con los habitantes de la Colonia en un entrelazamiento de profunda paz y armonía. En este contexto, se vislumbra la Unidad Básica de Apoyo a la Naturaleza (U.B.A.N.), una edificación en forma de pirámide cuyo propósito es primordialmente ecológico: cuidar la naturaleza a nivel material y también en la Colonia, en cuanto a su evolución y protección. Produce emanaciones vibratorias muy fuertes, sosteniendo y energizando todos los puntos de la ciudad espiritual, especialmente el Bosque de Alimentos. Es el único lugar en Nuevo Amanecer, además de la Unidad de Elevación Divina, que tiene contacto vibratorio directo con las esferas superiores, especialmente para recibir de ellas la energía vitalizadora que necesita.

Incluso hoy, los encarnados no han aprendido a dar el debido valor a la naturaleza, fuente directa de ocio verdaderamente ofrecida por el Creador. Los tiempos traerán tal conciencia a los habitantes del planeta.

"Has considerado correctamente que la fuente primordial de toda bondad y de toda inteligencia es también la fuente de toda belleza.

— El amor genera la belleza de todas las cosas, siendo él mismo la perfección."[33]

Abel Glaser

---

[33] *Obras Póstumas*, Allan Kardec, Primera parte, Teoría de la Belleza, pag. 154.

X Rincón de la Paz

Rincón de la Paz es una zona donde los habitantes de Nuevo Amanecer practican la meditación. Es un lugar muy enfocado a la vibración, a la oración, al entrelazamiento con la Espiritualidad superior, ya que, como se vio anteriormente, la Unidad de Elevación Divina está destinada exclusivamente a los contactos de Cairbar Schutel y Scheilla en relación con el plano superior. Es un lugar muy tranquilo donde semanalmente se realizan sesiones abiertas de música espiritual.

Los habitantes de la Colonia también acuden allí cuando reciben a familiares y amigos de otros planos espirituales, siendo este el lugar de vibración más intensa en la ciudad espiritual, aparte de la Unidad de Elevación Divina. Su entrada es florida y se desarrolla en diferentes caminos. Pilares de cristal rodean todo el Rincón, intercambiando vibraciones energéticas entre sí para la higiene permanente de este ambiente.

Hay dos edificios en concreto en el Rincón de la Paz. El primero, un edificio de cristal de tres pisos llamado Unidad de Iluminación Avanzada, con una escalera al frente, está destinado a la reintegración de los espíritus que regresan a la Espiritualidad para cumplir con sus deberes en este plano de vida, después de haber cumplido ellos mismos sus tareas terrenales. En este edificio, que sirve como sede del Rincón de la Paz, hay trabajadores dispuestos a recibir, escuchar y orientar a quienes son enviados allí por las Unidades de Recepción, Selección y Programación, necesitados de paz y meditación. En el primer piso — planta baja —, de donde emana una luz verde claro, hay archivos destinados a registrar las responsabilidades de cada espíritu. En el segundo piso, el ambiente es de color azul claro y está destinado a la reconstrucción y reconexión del espíritu con los habitantes de la ciudad espiritual. En el tercero, destinado al fortalecimiento total de la entidad, hay estancias de las que emana una luz rosa, lo que ayuda a completar la limpieza y fortalecer la conciencia general del espíritu sobre su regreso al trabajo espiritual, que, obviamente, difiere de las actividades humanas que desarrolló durante un determinado período de tiempo en su más reciente encarnación.

Volviendo al primer piso, a través de las escaleras o de los ascensores de cristal transparente, se encuentra la biblioteca, diseñada para resolver las dudas que aun puedan existir en la mente del espíritu que ha pasado por las etapas antes mencionadas. Esta biblioteca es, por cierto, poco utilizada, ya que rara vez hay quien se equivoca en la comprensión de sus funciones, asimilando claramente el significado de las tareas a realizar.

Desde este edificio sale un camino que conduce a los espíritus ya conscientes al segundo edificio, una pequeña casa rematada por una cúpula totalmente blanca, de estilo barroco y formas góticas. Me recuerda a un pequeño templo donde Jesús oró cuando estaba sobre la corteza. En este lugar, el espíritu medita profundamente y en soledad al influjo de vibraciones provenientes de la Unidad de Elevación Divina, llegando a importantes conclusiones útiles para su ser. A su alrededor, mucho verdor, muchas flores, bancos y luz, transmitiendo a quien se acerca a este lugar una agradable sensación de descanso, paz y amor.

Todavía en el Rincón de la Paz se encuentra la Morada de la Estrella, un templo destinado al ejercicio de la sintonía mental, del que emana una luz azul, con la misma estructura y dimensiones que la Morada del Sol, ubicada en el Bosque da Naturaleza Divina. Ambos edificios están interconectados a nivel vibratorio, lo que facilita el entrenamiento telepático entre dos espíritus — uno en cada casa: por regla general, uno se prepara para reencarnar y el otro será su protector espiritual durante toda su nueva existencia corporal. Este ejercicio de comunicación mental facilitará las futuras intuiciones e inspiraciones que recibirá el encarnado.

"¿Son los espíritus sensibles a la música?

—¿Haces alusión a la música terrenal? ¿Qué es comparada con la música celestial? ¿A esta armonía de la que nada en la Tierra puede daros idea? Uno es para el otro como el canto del salvaje con una dulce melodía. Sin embargo, los espíritus comunes y corrientes pueden experimentar cierto placer al escuchar tu música, ya que aun no son capaces de comprender una más sublime. La música tiene infinitos encantos para los espíritus, ya que sus cualidades sensitivas están muy desarrolladas. Me refiero a la música celestial, que es todo lo más bello y delicado que la imaginación espiritual puede concebir."[34]

"Renunciar a alguien a la oración es negar la bondad de Dios; es negar, para uno mismo, su ayuda y, para los demás, renunciar al bien que él puede hacerles."[35]

Abel Glaser

---

[34] *El Libro de los Espíritus*, Allan Kardec, número 251.
[35] *El Evangelio según el Espiritismo*, Allan Kardec, Capítulo XXVII, número 12.

XI Sectores Habitacionales

Comunidades espirituales similares a la de Nuevo Amanecer están suficientemente preparadas para convivir armoniosamente y fraternalmente.

Sus habitantes tienen el corazón preparado para recibir la palabra divina. Saben que solo habrá una caridad, una humildad y un amor más amplios con la formación de una gran familia espiritual. Han abandonado el materialismo y adoran la ley de Cristo como regla esencial de conducta. En este contexto, veamos nuevos aspectos de esta ciudad espiritual, una Colonia de Cairbar.

Cuenta con numerosas viviendas para sus habitantes, entre varias avenidas, todas arboladas, conformando cuatro sectores habitacionales. Las casas son sencillas pero cómodas, con mucha naturaleza alrededor y totalmente higienizadas.

Todo habitante con crédito suficiente puede disfrutar de una vivienda para sí y su familia. Nuevo Amanecer cuenta con un sistema de crédito denominado "U.A." — Unidad del Amor. Este nombre, sugerido por el propio Cairbar, quien consideró oportuno fusionar en un solo significado amor y trabajo, fue ratificado por todos los habitantes de la Colonia: mediante plebiscito, aprobaron por unanimidad esta iniciativa del Coordinador General. Todos trabajan teniendo presente que están dando mucho amor: cada espíritu que llega a la ciudad espiritual, con una inmensa necesidad de cariño, se aferra a la obra con valentía y resignación, sabiendo que, de esta manera, está amando y será amado.

La entidad que obtenga 3.500 "U.A.'s" podrá recibir vivienda propia. Probablemente ya habrá encontrado a su familia, su compañero espiritual más cercano. En la actual etapa evolutiva de los encarnados, por regla general no hay más amor que el que existe dentro de la familia. El habitante puede, a través del trabajo, disfrutar de la compañía de su grupo familiar. En la Colonia, cada Unidad de Amor equivale a un día de trabajo. Las horas trabajadas se computan mediante un sistema de cómputo que permite su acumulación hasta formar una "U.A." De esta forma no se desperdicia ni un solo momento de la jornada laboral en beneficio de otros. Para que un espíritu alcance las 3.500 "U.A.'s" necesarias para vivienda propia, se necesitan aproximadamente diez años de trabajo dedicado. Se puede reflexionar sobre el papel de la familia, de los padres en la educación de sus hijos, de la vida en el hogar y del hogar escuela, recordando la importancia de la vida en la escuela y la escuela de la vida. Las comidas en casa deben realizarse en un ambiente de total armonía para garantizar un buen aprovechamiento de los alimentos. Siempre es oportuno recordar agradecer al Creador, aunque sea en el pensamiento, sin rituales ni afectaciones, por la oportunidad que se nos brinda de nutrir el cuerpo para continuar en equilibrio la actividad del espíritu. Recordemos la importancia de renunciar a la gula y la conveniencia de tratar en la mesa solo temas edificantes, en un tono de voz moderado, difundiendo cariño y amor, evitando gestos exagerados. Cuando hay discusiones indignas durante las comidas, el nivel de absorción de alimentos oscila entre el 5 y el 10 por ciento. En la familia encarnada que vive en armonía, el nivel de absorción es del 50 al 60 por ciento. En cambio, en una familia de espíritus desencarnados armoniosos, que solo ingieren alimentos líquidos y pastosos, la tasa de absorción es del 90 por ciento. Otro aspecto importante es la concentración durante las comidas. Si la familia centra su atención en la televisión, por ejemplo, gran parte de la energía procedente de los alimentos se desperdicia porque comer se convierte en un acto mecánico, en el que se digiere mal.

El mobiliario del hogar de una familia espiritual armoniosa es esencialmente simple, sin ostentación, y presenta comodidad y utilidad.

El ambiente espiritual del hogar debe cultivarse en procedimientos elevados, como la dignidad, la armonía, el amor y el hábito de la oración. Deben evitarse momentos de desequilibrio emocional, negatividad, altercados, orgías, uso de drogas, entre otros, ya que los espíritus inferiores se sienten atraídos por estas conductas, gozándose de ellas y promoviendo trastornos obsesivos.

En cada hogar, ya sea de una sola persona o de una familia numerosa, incluso si se trata de un grupo fraterno, hay un mentor espiritual que hace todo lo posible para velar por los suyos. Por respeto a este mentor, se debe cultivar un hogar digno bajo cualquier circunstancia.

La armonía y la sintonía no se logran solo con la oración, sino también con actitudes edificantes en una postura fraterna y mesurada.

Si la familia es armoniosa, cuando uno de sus miembros se encuentra en estado de tensión o preocupación, el ambiente vibratorio positivo que allí predomina absorbe las malas influencias, restableciendo la sintonía del miembro que momentáneamente se encuentra en desequilibrio, gracias a las condiciones vibratorias positivas de los demás componentes de la familia. No existe jerarquía entre hombre y mujer, ya que ambos viven en respeto mutuo. Ambos son capaces de sostener moralmente el hogar, con diferentes medios de acción, pero el mismo fin a alcanzar. El marido respeta la superioridad moral de su esposa; y la esposa honra a su marido, que recorre el camino de la superación. Cuando hay disparidad de elevación entre la pareja, debe haber respeto hacia el que aprende por parte de quien guía. El hogar es la primera escuela: en ella debe prevalecer la jerarquía moral. Por tanto, debe buscarse en ella la orientación permanente, con miras a la elevación efectiva de quienes la integran. Si no se hace esto, la familia quedará desunida por el predominio del desamor y el egoísmo, transformando a cada uno de sus miembros en seres aislados. El desamor lleva a las personas a dejar de gustarse a sí mismas: la persona egoísta no puede amar a nadie, ni siquiera a sí misma. No hay persona egoísta que ame de verdad, ni nadie que ame egoístamente. La familia es una solución para renunciar al egoísmo y encontrar el amor, entendiéndolo como sinónimo del hogar, que, a su vez, debe ser sinónimo de la Casa de Jesús, que es el amor. El hogar, incluso de una sola persona que ama a los demás, sosteniéndolos en las necesidades materiales y espirituales, es un apoyo para el surgimiento de la nueva era. En esta postura, el espíritu encarnado establece conexiones positivas con la Espiritualidad, auspiciando la integración de los dos planos de vida, en un patrón vibratorio armonioso, beneficioso para él y su hogar.

Todo encarnado debe ser consciente que, cuando abre la puerta de entrada a su hogar, en realidad abre dos puertas: la material, que conduce al propio ambiente doméstico, y la espiritual, que conduce al encuentro con los espíritus que muchas veces esperan la oportunidad de aprender y manifestar amor. La integración entre los dos planos de la vida se produce a lo largo del día, dentro y fuera del hogar. Los espíritus observan todo el tiempo a los encarnados y aprenden o desaprenden de lo que ven. No puedes fomentar el mal, porque de esta manera, al sintonizarte, inevitablemente cosechas su efecto. Enseñen a estos espíritus que están en casa, la misma educación que se puede desear para cada miembro de la familia y para los hijos, perseverando en una conducta edificante, es la conducta ideal. No se pueden esperar flores del lado espiritual de la vida, cuando se regresa allí, si el cultivo, durante la vida material, es de espinas.

Existe una connotación entre los estados de encarnación y desencarnación. En el plano inmaterial están los reflejos de la vida física. Si cultivas tu familia, podrás encontrar una familia. Si la vida material es rebelde, sus frutos se cosecharán en la vida espiritual. La mejor lección es aprender a amar al prójimo, encarnado o desencarnado, hoy y siempre. Nunca se puede vivir solo: si los lazos de sangre son precarios, los lazos espirituales son fuertes y verdaderos. La dedicación no debe restringirse exclusivamente a la familia material, sino que debe extenderse a la familia espiritual. Tomando el árbol como símbolo de la familia, cada uno de los encarnados debe regar su propio árbol, que es solo un retoño al nacer a la vida material, pero, al final del viaje terrenal, debe ser inmenso y lleno de frutos, cada uno representa una actitud fraterna vivida en la vida física: un apretón de manos sincero, una visita a un enfermo, un acto de caridad, un matrimonio honorable, una educación cultivada, los hijos, vidas nuevas que son acogidas en la familia. Y siempre es tiempo de empezar a dar frutos en el árbol, cuyo abono es el amor que brota del corazón.

La escuela de la vida nace dentro del hogar. En la formación de ésta, la escuela familiar representa la oportunidad para que todos rediman las deudas mutuas en la construcción de un esfuerzo conjunto, elevando a cada uno y transformando el hogar en una verdadera escuela espiritual, basada en el Evangelio de Jesús, leído y aplicado.

Volviendo al sistema crediticio existente en Nuevo Amanecer, vemos un ejemplo real en el hecho, relatado con humildad por uno de sus habitantes, que muestra incluso cómo se puede frenar la propia evolución guiando mal el libre albedrío. Rescatado de regiones oscuras, llegó a Colonia y permaneció vinculado por algún tiempo al sufrimiento que allí vivió. No aceptó que tal pena pudiera estar justificada. Si esa ciudad espiritual existió, ¿por qué no lo llevaron allí antes? ¿Por qué no pudo empezar a pagar allí sus deudas espirituales, con trabajo, en lugar del dolor humillante sufrido en las regiones inferiores?

Solo después de unos años, asistiendo al Centro de Aprendizaje Luz Divina, pudo comprender que no hay efecto sin causa y que la Justicia de Dios es soberana y justa. Como todas las criaturas, este espíritu tenía su carga personal, su peso periespiritual específico. Los fluidos densos que formaban su periespíritu correspondían a una realidad que le pertenecía solo a él, y no hay dispositivos en la Espiritualidad que puedan transformar esta densidad en ligereza. Necesitaba purificarse y, por ello, pasó un largo período de tiempo en el único lugar adecuado para albergarlo, el Umbral.

Ahora, consciente, trabaja incansablemente para conseguir lo que ya pudo haber conseguido: su propia casa. Después de trece años, todavía tiene que completar suficientes Unidades de Amor para esto, permitiéndose acoger a los seres queridos en su hogar espiritual, restableciendo lazos fraternos interrumpidos en el pasado.

No hay inactividad en Nuevo Amanecer, sino mucho trabajo duro que promueve una reforma íntima, estableciendo una mejor infraestructura para el desempeño evolutivo de cada uno de sus habitantes.

Si bien el espíritu no puede adquirir una casa propia, vive en una vivienda colectiva, donde vive en comunidad. La división de población de la ciudad espiritual es la siguiente:

Sector de Vivienda I (S.V. I) — unidades individuales; Sector de Vivienda II (S.V. II) — unidades individuales; Sector de Vivienda III (S.V. III) — unidades colectivas; Sector de Vivienda IV (S.V. IV) — unidades colectivas.

Los S.V. I y II están atravesados por muchas avenidas y cada residente tiene lo mínimo imprescindible para su familia.

Hay gradaciones en el tamaño de las residencias, dependiendo del grupo que vive allí y no del número de "U.A." Ningún espíritu tiene propiedad privada en Nuevo Amanecer. El domicilio pertenece a la Colonia y ésta a la superioridad Espiritual. El residente tiene posesión de la casa mientras vive y trabaja en ella. Si tiene que regresar al mundo material, sin familiares que se queden, su hogar será asignado a otro espíritu. También se dan casos de habitantes que cambian de vivienda por el aumento o disminución de su familia, respectivamente por la llegada de familiares del plano físico o la salida de otros para nuevas reencarnaciones.

Las avenidas fueron nombradas en asambleas de los vecinos de cada calle. Luego de la decisión, sus nombres fueron enviados al Data Center de Colonia, que los registró e identificó. Todas; sin embargo, tienen nombres que caracterizan a la Colonia, como, por ejemplo, "Alameda de la Amistad", "Alameda del Trabajo", "Alameda de la Fe", entre otros.

Los sectores de vivienda colectiva (S.V's III y IV) cuentan con casas y edificios pequeños. En las casas de dos pisos se encuentran los espíritus que llevan más tiempo viviendo en la Colonia y están pensando en adquirir su propia casa. Se trata de viviendas de varias habitaciones donde residen al menos dos habitantes por habitación. En los edificios de tres pisos se encuentran los espíritus que, ya sean pacificados o recién llegados, inician su vida laboral en la Colonia. Hay varias unidades en cada edificio, incluidas amplias habitaciones con capacidad para hasta cuatro residentes. En cada edificio hay un espíritu administrador y lo mismo ocurre en cada casa. Este espíritu representa a sus convivientes en las Asambleas de las Alamedas que se realizan periódicamente. La autoadministración es el objetivo de la Coordinación General, con total descentralización de la gestión de los deseos de la comunidad. Además de la Asamblea de Alamedas, está la Asamblea General del Sector Vivienda, sin olvidar las reuniones deliberativas de cada alameda individualmente considerada, todas realizadas en un ambiente de total paz y armonía, sin conflictos, como los espíritus que allí habitan ya están preparados para vivir en comunidad, algo que hasta el día de hoy no se les ocurre a la mayoría de los habitantes de la corteza. Lo que deciden normalmente es aceptado por la dirección de la Colonia y puesto en práctica. La Coordinación General nunca dejó de responder a una sola solicitud o reclamo.

"¿Por trabajo deberíamos entender solo las ocupaciones materiales?

— No; el Espíritu obra, al igual que el cuerpo.

Toda ocupación útil es trabajo."[36]

"Los verdaderos lazos familiares no son la consanguinidad, sino la simpatía y la comunión de ideas, que unen a los espíritus antes, durante y después de sus encarnaciones."[37]

Abel Glaser

---

[36] *El Libro de los Espíritus*, Allan Kardec, número 675.

[37] *El Evangelio según el Espiritismo*, Allan Kardec, Capítulo XIV, número 8.

XII Centro de Aprendizaje Luz Divina y la Casa de Justicia Divina

El Centro de Aprendizaje Luz Divina es el lugar donde los doscientos mil habitantes de Nuevo Amanecer se mantienen en contacto con las enseñanzas de Cristo. Es el pilar cultural y doctrinario de la Colonia.

Si los niños espirituales reciben orientación doctrinaria en la Casa de los Niños y los enfermos en el Hogar de Ancianos, los jóvenes y otros espíritus de la ciudad espiritual asisten frecuentemente al Centro de Aprendizaje Luz Divina para estudio y convivencia.

El Centro consta de un gran edificio rectangular de cristal, de cinco plantas. Este edificio alberga el Auditorio Principal, ubicado en la planta baja, donde se realizan conferencias para los visitantes, Cairbar habla a los habitantes de la comunidad, además de presentaciones de música clásica, entre otras actividades.

En los pisos superiores se encuentran salas de evangelización, salones comunitarios y bibliotecas de uso público.

Todos los habitantes, por regla general, pasan por este edificio al menos una vez a la semana, dada la importancia del estudio, especialmente del Evangelio de Jesús, para la evolución y consecuente formación moral del espíritu. Es a través del conocimiento de las enseñanzas de Cristo y la práctica de este aprendizaje que los desencarnados o encarnados ascienden hacia Dios.

Para ello, cada entidad de la Colonia tiene su propio formulario, elaborado por la Coordinación del Programa, y debe seguir un ritmo continuo de trabajo y estudio. Junto a este inmenso edificio se encuentra la Casa de la Justicia Sublime. Alberga la actividad práctica de la Coordinación de Evaluación. Este no es un tribunal donde se atrapa a los delincuentes. Tampoco representa ningún juicio final. Es una Casa donde los trabajadores analizan la situación de otros espíritus, dándoles la oportunidad de seguir todo el proceso de evaluación para que se pueda sacar una conclusión lógica sobre su conducta en el plano espiritual. Está formado por entidades dedicadas, especialmente designadas por Cairbar, previa consulta con la Unidad de Elevación Divina. Ejerciendo sus funciones con gran desapego, evalúan el trabajo de todos, resuelven las cuestiones pertinentes a la conducta de los espíritus y responden a sus preguntas sobre la dirección de sus actividades.

Como ejemplo, véase el caso de uno de los habitantes de Nuevo Amanecer que, al partir a una misión en la corteza terrestre, retrasó a todo el equipo de trabajo, pues, sin autorización, decidió buscar a su familia encarnada, incumpliendo su promesa de llevar a cabo la tarea asumida, retrasando la misión del equipo y casi invalidando su resultado. Al regresar, fue enviado a Cairbar, quien lo envió a la Casa de la Justicia Sublime, donde su comportamiento podría ser evaluado junto con este espíritu.

La justicia aplicada por los encarnados y desencarnados no es una labor penalizadora, idea falsa que algunos tienen. Por el contrario, la búsqueda de la Justicia es siempre imagen reflejada de las Leyes de Dios, soberanamente justas, y es, y será siempre, el sustento de toda la Humanidad, en su sentido más amplio. Así, también se aplica en la Espiritualidad, en etapas espirituales de evolución como, por ejemplo, la de las Colonias, es importante recordar que esta justicia circunstancial no debe confundirse con la soberana Justicia Divina, exclusiva del Padre Mayor y la única absoluta.

Los espíritus están autorizados a evaluar las actitudes de sus semejantes para que todo el proceso evolutivo pueda estar siempre en constante progreso. Ésta es la voluntad de Jesús y así se cumple.

La Casa de la Justicia Sublime está formada por varios Comités de Evaluación. Cada uno está compuesto por cinco espíritus, todos indicados por la Unidad de Elevación Divina. Hay cuatro comités permanentes y varios temporales. Los permanentes trabajan constantemente y tienen como objetivo resolver los problemas inherentes a Nuevo Amanecer. Los temporales son establecidos por el Coordinador General para analizar casos peculiares y fortuitos, disolviéndose después de cada trabajo.

Cuando se presentan casos de interés general, las comisiones permanentes se reúnen para formar el Gran Plenario, donde realizan análisis públicos de situaciones y conductas. Cairbar designa a dos de sus asesores para llevar al pleno los diferentes ángulos de la cuestión que se examina, de modo que se puedan comparar dos versiones: la primera es presentada por uno de los asesores, quien se encarga de narrar la situación y el comportamiento del espíritu en juicio, haciendo su comentario y preparando el dictamen; el segundo, presentado por el otro asesor, demostrará la conducta previa del espíritu en el juicio, sus méritos, sus posibilidades de reparación y progreso, emitiendo también su opinión.

En la ciudad espiritual prácticamente no existen juicios realizados por una sola entidad; todos ellos son colectivos, públicos, llenos de armonía, fraternidad y paz.

Existen, evidentemente, en la Espiritualidad, otras formas de organizar tal pleno de juicios y Casas de Justicia; sin embargo, cada Colonia utiliza la que mejor se adapta a sus principios de actuación.

"La cura — del egoísmo —, puede llevar mucho tiempo, porque las causas son numerosas, pero no es imposible. Sin embargo, solo se obtendrá si se ataca el mal en su raíz; es decir, por la educación, no por eso la educación que tiende a hacer hombres educados, sino por lo que tiende a hacer hombres buenos. La educación, bien entendida, constituye la clave del progreso moral. Cuando se conoce el arte de gestionar el carácter, como se conoce el de gestionar las inteligencias, se logrará corregirlas, del mismo modo que se enderezan las plantas nuevas, pero este arte requiere mucho tacto, mucha experiencia y observación profunda."[38]

"Efectivamente, el criterio de la verdadera justicia es que cada uno quiera para los demás lo que querría para sí mismo y no querer para sí lo que quiere para los demás, lo cual no es en absoluto lo mismo. No es natural que haya quien desee el mal para sí mismo, siempre que cada uno tome como modelo su deseo personal, es claro que nadie deseará jamás otra cosa que el bien para el prójimo."[39]

Abel Glaser

---

[38] *El Libro de los Espíritus*, Allan Kardec, número 917.
[39] Ibid, número 876.

LA SOBREVIVENCIA DEL ÁRBOL

Recordando la narrativa de los últimos capítulos y develando el objetivo de este trabajo, traté de demostrar el idealismo que, poco a poco, germinaba en mi corazón; la importancia de la primera guía que recibí, aunque sea simplemente, de mi madre, buscando mostrar cuán importante es la guía espiritual para los niños desde su primera infancia; mi contacto inicial con la Doctrina Espírita y las obras prácticas del Espiritismo; mi primer encuentro con el nombre, la vibración y la obra de Cairbar Schutel; el significado para mí de tu apoyo, del trabajo ejemplar que desarrollaste aquí en la Tierra cuando encarnaste, siendo para nosotros un modelo de altruismo y devoción, así como el trabajo dinámico que continúas desarrollando en la Espiritualidad.

Busqué transmitir cuándo y cómo, buscando ejercer el sentimiento de fraternidad, me acerqué a la Casa de bienestar que se convertiría en Hogar Escuela Cairbar Schutel, aplicando en esa dirección parte del ideal espírita naciente en mi ser, según lo entendí en ese momento, la necesidad de materializar en una obra en este plano físico las manifestaciones de asistencia que recibí de la Espiritualidad a través, principalmente, de Cairbar y Scheilla.

Tenía la intención, finalmente, de mostrar cómo — a través de esta institución, construida por las manos de unos pocos y conducida hoy por el esfuerzo de muchos —, se llega a la revelación de su origen espiritual, inimaginado desde hace veinticinco años: una de las extensiones de una de las Colonias de trabajo espiritual cercanas a la Tierra, que fue y es el sustento de su existencia, Nuevo Amanecer.

Vale recordar que, secuencialmente, en catorce capítulos, transmití la descripción, funcionamiento, historia, doctrina, administración, finalidad y características de la ciudad espiritual. En este contexto, busqué resaltar el entrelazamiento que existe entre los dos planos de la vida para la obra del bien al servicio de los demás: las conexiones de Nuevo Amanecer con sus extensiones en la corteza terrestre, así como la suma de esfuerzos de personas encarnadas y desencarnadas trabajando en la misma Siembra de Cristo, con idénticos ideales fraternos. Tuve la oportunidad de afirmar que el Hogar Escuela no es la única obra en el plano físico vinculada a la Colonia espiritual y, de la misma manera, Nuevo Amanecer no es la única Colonia espiritual existente alrededor de la Tierra. Bajo la égida de Jesús, el trabajo es amplio y conjunto entre ambos planos, desarrollándose para el progreso de la Humanidad. Existe, y se sigue creando, un número incalculable de Colonias espirituales y Puestos de Socorro, dando vueltas a este planeta; todas las obras de bien existentes en el plano material trabajan junto con ellos.

A modo de ilustración, me gustaría aprovechar este momento para describir la formación de uno de estos centros de servicios espirituales. Supimos que un día una región oscura en las zonas umbralinas, existente entre Nuevo Amanecer y el Puesto de Socorro número 5 — donde había un castillo medieval habitado por espíritus dedicados a la práctica del mal —, fue restaurada por la acción de benefactores espirituales y sus equipos de trabajo. A través de la limpieza del lugar y la dirección de sus habitantes, con mucho trabajo y dedicación se convirtió en un puesto de trabajo más de la Colonia, llamado "El Renacimiento del Amor en Cristo." Muchos de los espíritus que allí vivieron renovaron sus ideas para el bien, despertando sus conciencias para seguir el camino trazado por Jesús y hoy trabajan allí bajo la guía de la ciudad espiritual, sirviendo a seres necesitados de tratamiento y guía. He aquí un ejemplo de trabajo en Espiritualidad, tanto en la limpieza para la ampliación geográfica de espacios encaminados al bien de la

Humanidad como en el rescate de espíritus sufrientes con vistas a la evolución de los seres.

En este punto uno puede preguntarse: "¿Cuál es nuestra posición a la luz de la revelación que fue presentada? ¿De dónde venimos? ¿Por qué nos reencarnamos en la Tierra? ¿A dónde iremos después de nuestra desencarnación? ¿Cómo debemos proceder para construir nuestra propia felicidad?"

Como todo ser humano en este planeta, estamos vinculados, directa o indirectamente, a una organización espiritual en cuyos archivos aparecen nuestros nombres. Un día podremos regresar a la Colonia que en cierta manera nos pudo haber asistido antes de la presente encarnación y allí seremos evaluados de manera amplia e integral, cosechando los méritos de las tareas realizadas, confirmando las enseñanzas de Jesús: *"a cada uno según sus obras."*

No todos los espíritus de este planeta regresan a una Colonia para ser evaluados. Todos están vinculados a mentores y estos siempre están vinculados a una Colonia. Esa es la regla. Pero, los espíritus mismos, en un mundo aun atrasado como el nuestro, no se conectan directamente con las Colonias, la mayor parte del tiempo. Su imperfección no les permite una conexión directa. Por lo tanto, a menudo necesitan un espíritu intermediario, mientras esperan en las regiones umbralinas su purificación. Cuando están lo suficientemente purificados, van a alguna agrupación espiritual, que ya saben.

Está claro que los espíritus superiores siempre viven en una comunidad. Tampoco es una regla regresar a la Colonia que una vez dejaste. No todos han estado en Colonias. De hecho, en nuestro mundo, la mayoría solo ha viajado a regiones oscuras y ni siquiera conoce una Colonia. Puede suceder una separación total de ella, o puede suceder lo contrario: el espíritu salió de la ciudad espiritual y regresa allí un día. Hay reglas y hay excepciones y cada caso es diferente.

Nadie se reencarna para no hacer nada.

Hay movimiento en beneficio de los seres en la Espiritualidad y hay trabajo en beneficio de los demás en la materialidad.

Muchos ya han encontrado su lugar de actividad para practicar el bien, pudiendo desvelar su tarea principal, poniéndola en ejecución sin pérdida de tiempo. Nuestra incursión en la Tierra es seguida de cerca por trabajadores desencarnados.

"Todos los hombres son médiums, todos tienen un espíritu que los dirige hacia el bien, cuando saben escucharlo. Escuchen esa voz interior, ese genio bueno, que incesantemente les habla y progresivamente llegarán a escuchar a su ángel de la guarda, que les extiende sus manos desde lo alto de los cielos. Repito: la voz íntima que habla al corazón es la de los buenos espíritus y es desde este punto de vista que todos los hombres son médiums."[40]

Quedó claro, en un capítulo anterior, que en la Colonia Nuevo Amanecer, para conseguir una casa, se necesitan 3.500 unidades de amor. Para alcanzar la felicidad plena, necesitaremos miles de estas unidades trabajadas por otros. El paso para lograrlo consiste en unir en el corazón el trabajo material y el trabajo espiritual, ambos existentes y verdaderos. El hombre es responsable de todo lo que hace y piensa; sus actitudes y vibraciones influyen en tu vida y en la de otros seres, encarnados y desencarnados, ya que interactuamos permanentemente entre nosotros según el rango vibratorio en el que ubicamos nuestros pensamientos y sentimientos. Para ser feliz es necesario entrelazarse, a través de la mente, el corazón y la acción, con los trabajadores del bien y con los objetivos de los planos superiores de la vida.

El ser humano se encuentra en un estado de evolución permanente, cuyo viaje alterna en sucesivas etapas, a veces en regiones o Colonias espirituales que existen alrededor de la Tierra, a veces reencarnado en la propia corteza, pudiendo aquí tener

---

[40] *El Libro de los Médiums*, Allan Kardec, Capítulo XXXI — La ley máxima de la reencarnación.

contacto con innumerables Casas de amor donde se encuentran diversas los individuos recorren su camino.

Pongamos un ejemplo con el siguiente caso real, que conocimos durante reuniones mediúmnicas: en la época romana, durante el imperio de Octavio Augusto, cierta dama, esposa de un poderoso senador romano, vivía en un gran y lujoso palacio, rodeada por sirvientes y damas de honor. Era rica, pero frívola. Al poseer muchos bienes materiales y un confort extremo, se sentía infeliz. Habiendo tenido la oportunidad de hacer el bien a personas muy pobres, no lo hizo, aunque muchas veces se arrepintió de su sufrimiento y se sintió inclinada a hacerlo. Rezó a la diosa de su devoción, pero no minimizó el dolor de los demás. Había sido pobre en su existencia anterior. Fallida, pidió la difícil prueba de riqueza. Falló nuevamente. Fueron necesarios siglos de rectificación y sufrimiento hasta que pudieron ser atendidos, en regiones sombrías, por trabajadores espirituales de Nuevo Amanecer. Hizo una pasantía en la Colonia, arrepentida y ansiosa de mejora y rescate. Con el paso de los años, se sintió preparada para una nueva lucha. Por méritos laborales, en la ciudad espiritual y fuera de ella, recibió la oportunidad de elegir su nuevo cuerpo. Volvió a preferir la de mujer como instrumento físico, la pobreza como prueba, la mediumnidad como tarea y la India como lugar de reencarnación. Renacería entre familias humildes, sería discriminada, afrontaría sufrimientos atroces, pero tendría la fe cristiana como base de su expiación. Su mediumnidad sería un instrumento de alivio y guía para muchos. Al salir victoriosa, algún día regresaría redimida a Nuevo Amanecer.

Ahora se podría preguntar: "¿solo el bien hecho por las instituciones espíritas tiene repercusiones en las Colonias espirituales?"

¡Obviamente, no! Al respecto, el apóstol Pablo, en un mensaje dirigido a Allan Kardec, afirma: "Todos los que practican la caridad son discípulos de Jesús, independientemente de la secta a la que pertenezcan."[41] Así, las buenas obras son vistas por la Espiritualidad sin distinción de religión, prevaleciendo el trabajo conjunto de los dos planos de vida.

Todos, por tanto, para avanzar con determinación hacia la felicidad efectiva, debemos poner nuestra esperanza en Jesús y su Evangelio, pudiendo buscar fuerzas en el trabajo a favor del prójimo, materializando también obras que signifiquen pequeñas extensiones de las Colonias del plano mayor en su actividad en la corteza terrestre. Esta es la manera de despertar a un nuevo mañana: ¡trabajar por los demás con mucha fe!

Si la Espiritualidad permite revelaciones como las que hicieron posible la creación de este libro, no es casualidad ni carece de un objetivo mayor: pretenden llevarnos a reflexionar sobre el porqué de nuestra propia existencia, haciéndonos conscientes del mecanismo de nuestra existencia, solidaridad fraterna que debe existir entre los trabajadores en el plano físico y los bienhechores en el plano espiritual, animándonos a tomar una postura decidida, con buena voluntad en la realización del trabajo y firmeza en el ejercicio de la esperanza y el amor, en estos años que preceden al inicio del Nuevo Mundo y que no debe ser de ansiedad y miedo sino de devoción a la causa del bien.

Esta postura interior, este estado de ánimo, se llama Fe Razonada: con ella entendemos la ley de causa y efecto que rige la evolución de los seres, entendemos la reencarnación como el medio para lograr el progreso de nuestras almas, sabemos que No es que se acerque el fin del mundo, sino el amanecer de una nueva era para los seres verdaderamente interesados en la regeneración de su espíritu. Fe Razonada porque en ella el sentimiento ilumina la razón tanto como la razón ilumina el sentimiento.

Es sobre esta fe inquebrantable, con obras, que construiremos la tarea intransferible del proceso evolutivo y, en consecuencia, de la auténtica felicidad.

---

[41] *El Evangelio según el Espiritismo*, Allan Kardec, final, Capítulo XVI.

"La vida del Espíritu, por tanto, se compone de una serie de existencias corporales, cada una de las cuales representa para él una oportunidad de progresar, de la misma manera que cada existencia corporal se compone de una serie de días, en los que cada uno de las cuales el hombre obtiene un aumento en experiencia y educación."[42]

"Al destruir el materialismo, que es una de las heridas de la sociedad — el Espiritismo —, hace comprender a los hombres dónde están sus verdaderos intereses. Dejando que la vida futura quede velada por la duda, el hombre comprenderá mejor que, a través del presente, le es dado preparar su futuro. Al abolir los prejuicios de sectas, castas y colores, enseña a los hombres la gran solidaridad que los unirá como hermanos."[43]

"La unificación realizada sobre el destino futuro de las almas será el primer punto de contacto entre los diferentes cultos, un inmenso paso hacia la tolerancia religiosa primero y, después, para la fusión completa."[44]

Abel Glaser

---

[42] *El Libro de los Espíritus*, Allan Kardec, número 191 — a.
[43] Ibid, num. 799.
[44] *El Cielo y El Infierno*, Allan Kardec, Capítulo 1, número 14, Primera parte.

EL ÁRBOL FRONDOSO QUE ESPERA A LA HUMANIDAD

Cairbar Schutel, un espíritu en evolución como todos nosotros, vino a la Tierra para una tarea edificante, expresando la caridad cristiana. Dio el ejemplo de un trabajador humilde, aun no perfecto, pero lleno de fe en una vida superior que es perfectamente alcanzable. Su obra no cesó con su existencia terrena, continuándola activamente en la Espiritualidad donde se encuentra.

Así es y será con todas las criaturas. Así es y será con todos nosotros.

Toda la base para construir un futuro mejor, que nos permita subir los escalones de la escala evolutiva, reside en una reforma íntima, con una racionalización simultánea del ejercicio de los buenos sentimientos y la prestación de servicio a los demás. Ésta es la clave para la liberación espiritual; el esfuerzo continuo de cambio interior para mejor fortalece los vínculos de unión entre los seres: unión de los encarnados entre sí, favoreciendo el trabajo en equipo; y entre trabajadores encarnados y desencarnados, por un desarrollo más amplio de las tareas de amor en beneficio de todos.

Si Dios nos creó en un estado de sencillez e ignorancia, estableció leyes que rigen nuestro continuo progreso, tanto intelectual como moral.

Estableció que la perfección es un estado de ánimo que debe alcanzarse con el esfuerzo de cada persona, a lo largo de la eternidad. El tiempo es para trabajar juntos, en armonía, sin celos ni envidia, ira ni odio, competencia o rivalidad, resentimiento o cualquier otro sentimiento ajeno a los valores de la ética cristiana. Las disputas materiales, los cismas, son futilidades causadas por nuestra invigilancia. Unidos seremos fuertes. Aislados, solo fortaleceremos nuestras propias debilidades. Es uniendo fuerzas que podremos lograr el cumplimiento de nuestros deberes para el bienestar general.

Avanzamos hacia el tercer milenio y nuestra vida sufre, junto con nuestro libre albedrío, no siempre bien guiado, la confusión manipulada por los opositores a la causa de Cristo. Si es cierto que nunca estamos solos, no estamos solo rodeados de buenos espíritus. También actúa sobre nosotros la influencia de los espíritus inferiores que rodean la Tierra, buscando comprometerse continuamente con nosotros. De ahí el cuidado que debemos tener con nuestros modales, que pueden resultar atractivos para entidades que desean nuestra perdición. Cultivemos la buena armonía. Los mensajeros del bien, entre ellos Cairbar Schutel y su equipo espiritual, caminan con los encarnados con buena voluntad y perseverantes en la tarea. Estos emisarios nos aman, transmitiéndonos continuo aliento y valentía.

Nos encontramos en una fase de transición. La Tierra dejará de ser un mundo de expiación y pruebas para convertirse en un orbe de regeneración, representando al mismo tiempo el principio del fin y el comienzo de lo nuevo.

Vivimos un período de grandes transformaciones cuya culminación culminará con el exilio, a mundos inferiores, de espíritus beligerantes que sistemáticamente rechazan el esfuerzo de luchar por su superación moral, dando paso a la llegada de seres comprometidos con el trabajo por la paz, cuyo amanecer aparecerá en vísperas del comienzo del próximo milenio y cuya implementación se llevará a cabo a lo largo de los siglos siguientes.

Por tanto, no hay tiempo que perder.

La vida no solo representa la materialidad de una existencia. Es mucho más que eso y, de esta manera, tenemos mucha responsabilidad en guiar nuestros pasos, porque, como hemos visto, nada de lo que hagamos estando encarnados ya no será considerado en la evaluación espiritual. Dios es amor y misericordia infinitas, pero también soberanamente justo y bueno al juzgar nuestros créditos y deudas.

El compromiso que el plano mayor dedica a las buenas actividades existentes en la corteza terrestre es inmenso. El momento, como nos enseña Cairbar, es una verdadera cruzada de amor, como forma de entrelazarnos fraternalmente con aliento mutuo, uniendo fuerzas para construir un futuro mejor para todos.

Trabajo, unión, amor, esperanza y fe, este es el mensaje que Cairbar busca transmitirnos a todos, a través de esta obra. El ejemplo de la práctica del amor verdadero está contenido en la vida y las enseñanzas de Cristo. Representan para nosotros el símbolo de la perfección que debemos alcanzar. Sigamos, pues, sus huellas, con paciencia y desinterés, humildad e indulgencia, en el ejercicio constante de la fraternidad.

Perseveremos en ideales altruistas. Ha llegado el momento en que los bienhechores espirituales necesitan contar con la dedicación de todos aquellos que ya comprenden el verdadero sentido de la vida.

Ciertamente hay crisis que representan obstáculos en nuestro camino. Sin embargo, no interrumpirán nuestra marcha si ésta depende del apoyo de los trabajadores de la Espiritualidad mayor, dejándonos conscientes de la necesidad de hacer nuestra parte, confiando en nuestra fuerza de acción conjunta para lograr buenos resultados. No lo dudemos. Ayudemos a los bienhechores espirituales a que nos ayuden. Necesitamos mantener nuestros corazones latiendo con optimismo todos los días y a cada hora. No nos cansemos. No nos desanimemos. No cedamos a ninguna presión. El mundo necesita más trabajadores dedicados a la causa del bien y, en equipo, se pueden construir grandes obras de amor. Sigamos adelante, inspirados por la caridad y sostenidos por la fe, cueste lo que cueste, cualesquiera que sean los obstáculos, para que, un día, cuando volvamos a la Espiritualidad, podamos tener la conciencia tranquila de nuestro deber correctamente cumplido, sin necesidad de largas esperas en regiones umbralinas, como ocurrió con la noble dama de la antigua Roma, mencionada en el capítulo anterior. Permanecer o no en la zona umbralina después de la desencarnación, por más o menos tiempo, en una región más o menos densa, en compañía más o menos indigna, es algo que depende de nosotros, de la sintonía en la que nos ponemos a diario, de las conexiones mentales que establecemos con entidades espirituales, consciente o inconscientemente.

En la etapa evolutiva en la que todavía nos encontramos, necesitamos las pruebas que aporta la evidencia. La hora actual es de testimonio, en todas las situaciones que se nos presentan. Es tiempo de firmeza templada con indulgencia; de unidad, para que los más fuertes puedan apoyar a los más débiles; de actividad constante, ya que es lo que nos ayuda a superar las crisis.

La fraternidad y el buen ánimo, por tanto, deben ser nuestras armas permanentes de acción, asociadas al trabajo, la oración y la vigilancia.

Al hojear las páginas de la Historia, vislumbramos los grandes errores, los grandes crímenes, individuales y colectivos, cometidos por los pueblos y las civilizaciones del pasado. El paisaje era diferente, las costumbres eran diferentes, la vestimenta variaba, ¡pero nosotros éramos los protagonistas!

¡Cuántas tramas se tejen entre bastidores de la esfera política! ¡Cuántas intrigas criminales se tramaron en la clandestinidad de los ambientes religiosos! ¡Cuánta violencia en las maniobras militares de guerras devastadoras! Sobre la mayoría de nosotros hay pesadas deudas, contraídas por desviaciones de comportamiento en relación con las leyes divinas, motivadas por la sequedad de nuestro corazón en el abuso de poder, en la impiedad hacia los más débiles, en los resultados nocivos causados por pasiones desenfrenadas, más cercanas que éramos de naturaleza animal, todavía alejados de los sentimientos que elevan al hombre por encima de la materia, acercándolo poco a poco al Creador. Sí, alguna vez pudimos haber sido ese mal hombre que ahora forma parte del pasado, ese personaje histórico execrado por la Humanidad y, aun, tantos otros ejemplos de desviación, perversidad y maldad, que, hoy en día, negamos y maldecimos. Los seres a los que dañamos son innumerables y la necesidad de reajuste es imperativa.

Estamos cambiados. Hemos evolucionado y ahora buscamos voluntariamente aprender a amar y respetar a los demás y, en nuestro propio ejemplo, tenemos una demostración de Justicia Divina y vida verdadera. La etapa evolutiva que hemos logrado alcanzar, aunque todavía lejos de la perfección, es la mayor prueba que ya hemos estado peor y nos queda mucho camino por recorrer.

Cuántas veces nos encontramos haciéndonos la pregunta más común: "— ¿Por qué me identifico con este lugar si nunca he estado aquí?" También podemos preguntar: "— ¡Qué raro, pero conozco a esa persona, no sé dónde…!" Y, finalmente, quizás ya nos encontremos entrelazados con libros, películas y hechos históricos de tal manera que podríamos pensar que ya lo hemos vivido todo, como si no se tratara de una simple ficción. Ciertamente hemos experimentado todo eso y mucho más. Ésta es la prueba íntima, individual e intransferible que nos ofrece la ley de la reencarnación. De esta manera podemos decir: "— ¡Sí, estamos reencarnados, gracias a Dios!"

La reencarnación es ley, brindándonos la oportunidad de evolución permanente, con decisión firme y obstinación perseverante.

El Creador, en su infinita misericordia, nos proporciona hoy los medios para lograr un reequilibrio de conciencia a través de diversas oportunidades de trabajo, especialmente en favor de aquellos a quienes hemos perjudicado en el pasado.

Tanto el trabajo como el dolor son instrumentos de progreso. Sin embargo, mientras el segundo es casi siempre factor de quejas, revueltas y desesperación, el primero renueva, fortalece, construye y repara. En su tendencia a la acomodación, el ser humano busca a menudo la ociosidad como una forma engañosa de "bienestar." Por eso, cuando todo es demasiado fácil, nos detenemos y nos cuestionamos, pues es casi seguro que estamos perdiendo el tiempo.

Cuando estamos desencarnados, en la fase de programación de esta vida física presente, ciertamente solicitamos tareas que nos rediman de errores anteriores, permitiéndonos pagar las deudas con nuestros compañeros de viaje, con el objetivo de acelerar el ritmo de nuestra ascensión espiritual. Hoy, ya reencarnados, tenemos por delante la ansiada oportunidad. Por tanto, no la desperdiciemos y afrontémosla con fibra y alegría, valentía y fe. Es un hecho que las tareas suelen ser difíciles; sin embargo, sin las dificultades estaríamos estancados. En plenas pruebas rehabilitadoras, busquemos las fuerzas espirituales y morales necesarias para continuar sin demora, a fin de poder asimilar más fácilmente la ayuda fluida e intuitiva de los bienhechores espirituales.

¡Nunca estamos solos! La solidaridad es la ley que rige el Universo y la Vida: la integración de los planos material y espiritual es patente y decisiva. No es casualidad que nos encontremos en una determinada situación, ya sea en el hogar, en la práctica profesional o incluso en la actividad espiritual, sin perder de vista, por supuesto, los límites que marca el uso de nuestro libre albedrío. Hay metas que alcanzar y deudas que saldar. Solo la asimilación de las enseñanzas de Jesús, ahora entendidas a la luz del Espiritismo, y su aplicación práctica en la vida cotidiana, nos hará vencedores del actual choque, permitiéndonos algún día volver a la Espiritualidad un poco mejor que antes. No rehuyamos cumplir con nuestros deberes. No abandonemos nuestras tareas. No seamos indiferentes al trabajo que nos corresponde realizar. Para la mayoría de nosotros, la necesidad de compensación es clave en el proceso de reencarnación.

Todos venimos de la animalidad y por eso los instintos predominaron en nosotros, en los inicios de nuestra condición humana. Los residuos de egoísmo que existen en nosotros tienen sus raíces en esta fase de la existencia, frente a la necesidad imperiosa que teníamos, en aquellos tiempos, de pensar mucho en nosotros mismos, incluso por razones de supervivencia, en un ambiente hostil, desprovisto de cualquier organización social basada en principios de respeto mutuo y justicia. Sin embargo, a medida que nuestros sentimientos se desarrollaron, los lazos del egoísmo se debilitaron, permitiendo que los ideales de fraternidad emergieran desde lo más profundo de nuestro ser. El hecho que todavía no hayamos logrado intercambiar plenamente este sentimiento es una señal clara de cuánto queda por hacer.

A medida que se desarrolla nuestro aspecto moral, sentimos la necesidad de no limitarnos a nosotros mismos, ni al estrecho círculo familiar de sangre, ya que nos toca el impulso de dejar de ser indiferentes a las necesidades de los demás. Es el amor que emerge de lo más profundo del alma, a través de la maduración de las adquisiciones ya logradas en el transcurso de múltiples reencarnaciones y durante las etapas intermedias realizadas en la Espiritualidad. También la inspiración continua sugerida cada día por los benefactores espirituales, así como nuestra actual comprensión mutua y buena voluntad, son manifestaciones de amor.

De ahí el surgimiento de iniciativas que tienen como objetivo ayudar a los demás, apoyándolos y minimizando sus dificultades. Es en este contexto que Cairbar, buscando dar un toque de realidad a su mensaje, nos pidió informar, al inicio de este trabajo, de la creación y existencia del Hogar Escuela Cairbar Schutel, una obra asistencial, entre muchas en la corteza, la cual representa el propósito de lograr una de las formas de caridad aplicada.

Experimentando los gestos espontáneos de la caridad moral, junto con la obtención de recursos materiales, están surgiendo organizaciones destinadas al apoyo material y espiritual de los niños necesitados, de los ancianos indefensos, de los excepcionales, de los adictos, de los enfermos del cuerpo y del alma.

Es el amanecer de un nuevo amanecer, de la era del espíritu, donde prevalecerá la práctica natural de las virtudes enseñadas y ejemplificadas por Cristo.

Es el amanecer de una nueva fase para la Humanidad terrenal, la de la regeneración, tan deseada por criaturas cansadas de repetidos errores en la esfera de los sentimientos magnetizados de la animalidad atávica y del egoísmo de los comienzos existenciales. Hacer a los demás lo que queremos para nosotros mismos es la bandera para el desarrollo efectivo de la virtud esencial.

A lo largo de nuestra existencia física hemos alternado entre ser víctimas y verdugos. Somos deudores unos de otros y necesitamos reparación por los delitos que cometemos voluntariamente.

Hoy, por la bondad de Dios, la oportunidad del perdón recíproco, rehabilitador y reparador está presente en las múltiples facetas que la vida nos presenta: en el hogar, el familiar difícil que exige paciencia, dedicación y cariño; en la sala de trabajo, el colega agitado poniendo a prueba nuestra capacidad de tolerancia y asistencia fraternal; en la actividad de servicio de asistencia a los necesitados de toda índole, proporcionándonos los esfuerzos del desprendimiento redentor; en las actividades espirituales, especialmente las mediúmnicas, la oportunidad de reencontrarnos con inteligencias que hemos desviado, con corazones que hemos herido, con sentimientos que hemos degradado, permitiendo una reconciliación oportuna y valiosa que deshace persecuciones seculares y anula fuertes deseos de voracidad y venganza.

El perdón es hermano de la indulgencia e hijo de la caridad.

Trae tranquilidad cuando, con sincera humildad, en el momento oportuno, sabemos humillarnos ante quienes son nuestros acreedores, diciendo de corazón: "¡Hermano, perdóname!" Es la piedra angular que falta en la escala evolutiva que ya se basa en los principios de la caridad y el amor.

Cuando Jesús nos aconseja reconciliarnos con nuestros adversarios, pretende ayudarnos a prevenir todo el sufrimiento resultante de la reivindicación que sigue a la acción anti fraternal llevada a cabo por el corazón impuro. Si, ¿cuántos a menudo nos complicamos la vida con actitudes irreflexivas y deseos inútiles? Si las tareas a realizar y los compromisos a cumplir no fueran suficientes, tendemos a crear necesidades prescindibles e inútiles que nos causan cargas y sobrecargas. Hacer de este mundo el mundo mejor que Dios, a través de Jesús, destinó para todos es parte de nuestra lucha si ya somos conscientes de la importancia de participar en la construcción de la nueva era que se acerca.

Nos corresponde a nosotros alimentar el ideal que ya podemos vislumbrar, llevando a cabo la tarea correspondiente a ese mismo estado de ánimo. Es fundamental, por tanto, que el ejemplo venga de nosotros mismos, observándonos constantemente para no caer, ni siquiera inconscientemente, en la trampa del materialismo devastador. Los bienes materiales son necesarios, pero no son los únicos. La comodidad material está permitida, pero la ociosidad es perjudicial. El deseo de progresar es natural, pero la ambición desenfrenada provoca situaciones embarazosas y comprometedoras. La previsión es una virtud, pero la intemperancia es imperfección. Si no estamos atentos, podríamos hacer que necesidades materiales perfectamente prescindibles se conviertan en obstáculos para el desarrollo exitoso de importantes actividades espirituales. Vigilemos nuestros pensamientos y sentimientos, nuestras palabras y acciones, buscando crear en nuestro interior condiciones favorables para el cumplimiento de los deberes sagrados que nos conciernen.

Evitemos asumir compromisos vanos que no podamos cumplir. Ahorrémonos de implicaciones emocionales que nos sitúan fuera de la ética del Evangelio. Cultivemos la sencillez. Acostumbrémonos a lo necesario. Mantengamos nuestro corazón y nuestra mente en sintonía con las metas mayores que debemos alcanzar y que la Doctrina Espírita ya nos llevó a comprender, como enseñó Jesús: *donde esté nuestro tesoro, allí estará nuestro corazón.*

Estamos juntos contactando con el Espiritismo. En septiembre de 1986, Scheilla finalizó su mensaje con las siguientes palabras, en el Grupo que lleva su nombre:

"Muchos piensan que el contacto con el Espiritismo facilita la vida en el cuerpo físico. Ése es el error, porque es reavivar el cristianismo y es a través del sufrimiento y de los obstáculos que todos saldremos vencedores del amor en Cristo."

De hecho, muchos abordan la actividad espiritual impulsados por el dolor, en busca de alivio y curación. Nada más justo, porque Jesús también curó y, además, el instinto de conservación es innato en el ser humano, lo que le lleva a desear el fortalecimiento y el bienestar de su cuerpo físico.

Sin embargo, si Jesús sanaba, también enseñaba. Y en sus enseñanzas queda muy claro que la vida material es efímera y la vida espiritual es eterna: es importante cuidar el cuerpo físico, vaso sagrado que nos proporciona la indispensable reencarnación, pero también es imprescindible cuidar el alma inmortal.

Los buenos espíritus, en reuniones serias y bien orientadas, pueden liberarnos de influencias nocivas, dirigiendo a los seres que nos persiguen y que necesitan tratamiento e instrucción a la "escuela de Jesús."

Incluso curan dolencias físicas si hay permiso del Altísimo. Sin embargo, no nos eximen de expiaciones ni siquiera de las pruebas que es nuestra responsabilidad pasar para nuestro beneficio evolutivo. El sufrimiento y los obstáculos son inherentes a las criaturas que aun están en sintonía con un mundo como el nuestro.

El Espiritismo consuela, pero sobre todo aclara. Y la criatura verdaderamente iluminada no se rebela contra el Creador ni exige que se eliminen del camino los obstáculos y el sufrimiento. Al contrario, pide fuerza para salir victoriosa, mediante una fe vigorosa, una resignación constante, un trabajo incesante y la comprensión que éste es el medio para su superación moral. Sabe que no hay acción sin reacción y que muchos problemas que la aquejan tienen su origen en actos provocados por ella misma, en esta vida o en otras. Si nos es permitido buscar consuelo y aclaración en los buenos espíritus y en los libros espirituales, debemos reconocer que sin la práctica sincera de las enseñanzas contenidas en el Evangelio de Jesús, ninguno de nuestros problemas tendrá solución definitiva.

"Cielo", "infierno" y "purgatorio" no son, en verdad, regiones situadas en la Espiritualidad, que representan, respectivamente, densidades vibratorias: superiores luminosas, inferiores oscuras, intermedias sombrías. Son el estado de conciencia que debemos mejorar continuamente. Es un hecho que personas similares se atraen debido a afinidades e intereses comunes. Exteriormente, en efecto, esto se manifiesta en formaciones geográficas y ambientales donde los espíritus reunidos forman grupos felices o infelices, bellos o dantescos, ligeros o pesados, que viven en situaciones compatibles con su estado mental y moral, pero que; sin embargo, son transitorias. Interiormente; sin embargo, representan la tranquilidad o desasosiego de nuestra conciencia ante un deber cumplido o no, la armonía o desarmonía de nuestro espíritu, la espiritualidad o materialidad predominante en nuestro ser, la experiencia del amor o la idea fijada en el odio, el sentimiento de perdón o el deseo de venganza, la fe en Dios y sus designios o la incredulidad y rebelión ante sus leyes.

Una vez más, como se puede comprobar, queda claro que la consecución de la felicidad, de la brillantez del alma, es personal e intransferible y se consigue mediante la combinación del estudio teórico de la Doctrina de Jesús y la práctica de la vida fraterna, caridad, como ocurría en la "Casa del Camino", en los inicios del cristianismo.

Hemos llegado al final de nuestra reunión.

Esta es la función que me encomendó mi amigo Cairbar. Me dediqué a ello, con mis compañeros, durante muchos meses, esperando haber logrado transmitir hoy el mensaje de Nuevo Amanecer en palabras de Cairbar Schutel.

FIN

"El renacimiento del mundo depende de cada uno de nosotros."

Scheilla"

¿Qué fruto debe dar el árbol del cristianismo, un árbol poderoso, cuyas frondosas ramas cubren con su sombra una parte del mundo, pero que aun no cobija a todos los que se reunirán a su alrededor? Los del árbol de la vida son frutos de vida, de esperanza y de fe."[45]

Abel Glaser

---

[45] *El Evangelio según el Espiritismo*, Allan Kardec, Capítulo XVIII, número 16.

Grandes Éxitos de Zibia Gasparetto

Con más de 20 millones de títulos vendidos, la autora ha contribuido para el fortalecimiento de la literatura espiritualista en el mercado editorial y para la popularización de la espiritualidad. Conozca más éxitos de la escritora.

Romances Dictados por el Espíritu Lucius

La Fuerza de la Vida

La Verdad de cada uno

La vida sabe lo que hace

Ella confió en la vida

Entre el Amor y la Guerra

Esmeralda

Espinas del Tiempo

Lazos Eternos

Nada es por Casualidad

Nadie es de Nadie

El Abogado de Dios

El Mañana a Dios pertenece

El Amor Venció

Encuentro Inesperado

Al borde del destino

El Astuto

El Morro de las Ilusiones

¿Dónde está Teresa?

Por las puertas del Corazón

Cuando la Vida escoge

Cuando llega la Hora

Cuando es necesario volver

Abriéndose para la Vida

Sin miedo de vivir
Solo el amor lo consigue
Todos Somos Inocentes
Todo tiene su precio
Todo valió la pena
Un amor de verdad
Venciendo el pasado

<u>Otros éxitos de Andrés Luiz Ruiz y Lucius</u>

Trilogía El Amor Jamás te Olvida
La Fuerza de la Bondad
Bajo las Manos de la Misericordia
Despidiéndose de la Tierra
Al Final de la Última Hora
Esculpiendo su Destino
Hay Flores sobre las Piedras
Los Peñascos son de Arena

Otros éxitos de Gilvanize Balbino Pereira

Linternas del Tiempo

Los Ángeles de Jade

El Horizonte de las Alondras

Cetros Partidos

Lágrimas del Sol

Salmos de Redención

El Hombre que había vivido demasiado

Libros de Eliana Machado Coelho y Schellida

Corazones sin Destino

El Brillo de la Verdad

El Derecho de Ser Feliz

El Retorno

En el Silencio de las Pasiones

Fuerza para Recomenzar

La Certeza de la Victoria

La Conquista de la Paz

Lecciones que la Vida Ofrece

Más Fuerte que Nunca

Sin Reglas para Amar

Un Diario en el Tiempo

Un Motivo para Vivir

¡Eliana Machado Coelho y Schellida, Romances que cautivan, enseñan, conmueven y pueden cambiar tu vida!

Romances de Arandi Gomes Texeira y el Conde J.W. Rochester

El Condado de Lancaster

El Poder del Amor

El Proceso

La Pulsera de Cleopatra

La Reencarnación de una Reina

Ustedes son dioses

Libros de Marcelo Cezar y Marco Aurelio

El Amor es para los Fuertes

La Última Oportunidad

Nada es como Parece

Para Siempre Conmigo

Solo Dios lo Sabe

Tú haces el Mañana

Un Soplo de Ternura

Libros de Vera Kryzhanovskaia y JW Rochester

La Venganza del Judío

La Monja de los Casamientos

La Hija del Hechicero

La Flor del Pantano

La Ira Divina

La Leyenda del Castillo de Montignoso

La Muerte del Planeta

La Noche de San Bartolomé

La Venganza del Judío

Bienaventurados los pobres de espíritu

Cobra Capela

Dolores

Trilogía del Reino de las Sombras

De los Cielos a la Tierra

Episodios de la Vida de Tiberius

Hechizo Infernal

Herculanum

En la Frontera

Naema, la Bruja

En el Castillo de Escocia (Trilogía 2)

Nueva Era

El Elixir de la larga vida

El Faraón Mernephtah

Los Legisladores

Los Magos

El Terrible Fantasma

El Paraíso sin Adán
Romance de una Reina
Luminarias Checas
Narraciones Ocultas
La Monja de los Casamientos

Libros de Elisa Masselli
Siempre existe una razón
Nada queda sin respuesta
La vida está hecha de decisiones
La Misión de cada uno
Es necesario algo más
El Pasado no importa
El Destino en sus manos
Dios estaba con él
Cuando el pasado no pasa
Apenas comenzando

Libros de Vera Lúcia Marinzeck de Carvalho y Patricia

Violetas en la Ventana
Viviendo en el Mundo de los Espíritus
La Casa del Escritor
El Vuelo de la Gaviota

Vera Lúcia Marinzeck de Carvalho y Antonio Carlos

Amad a los Enemigos
Esclavo Bernardino
la Roca de los Amantes
Rosa, la tercera víctima fatal
Cautivos y Libertos
Deficiente Mental
Aquellos que Aman
Cabocla
El Ateo
El Difícil camino de las drogas
En Misión de Socorro
La Casa del Acantilado
La Gruta de las Orquídeas
La Última Cena
Morí, ¿y ahora?
Las Flores de María
Nuevamente Juntos

Libros de Mônica de Castro y Leonel

A Pesar de Todo

Con el Amor no se Juega

De Frente con la Verdad

De Todo mi Ser

Deseo

El Precio de Ser Diferente

Gemelas

Giselle, La Amante del Inquisidor

Greta

Hasta que la Vida los Separe

Impulsos del Corazón

Jurema de la Selva

La Actriz

La Fuerza del Destino

Recuerdos que el Viento Trae

Secretos del Alma

Sintiendo en la Propia Piel

World Spiritist Institute

www.ingramcontent.com/pod-product-compliance
Lightning Source LLC
LaVergne TN
LVHW092051060526
838201LV00047B/1333